小公司
日常管理
工作一本通

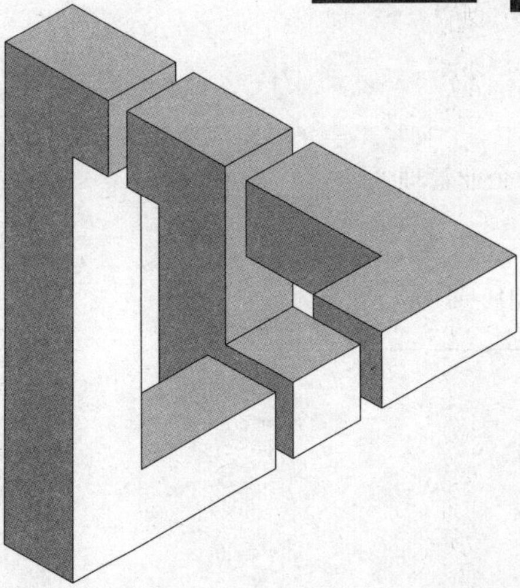

岳文赫——著

天津出版传媒集团

天津科学技术出版社

图书在版编目（CIP）数据

小公司日常管理工作一本通 / 岳文赫著. -- 天津 : 天津科学技术出版社, 2024.3

ISBN 978-7-5742-1846-8

Ⅰ. ①小… Ⅱ. ①岳… Ⅲ. ①中小企业－企业管理 Ⅳ. ①F276.3

中国国家版本馆CIP数据核字（2024）第056016号

小公司日常管理工作一本通

XIAOGONGSI RICHANG GUANLI GONGZUO YIBENTONG

责任编辑：刘　磊

出　　版：天津出版传媒集团
　　　　　天津科学技术出版社

地　　址：天津市西康路35号

邮　　编：300051

电　　话：（022）23332695

发　　行：新华书店经销

印　　刷：衡水翔利印刷有限公司

开本 670×950　　1/16　　印张 12　　字数 130 000

2024年3月第1版第1次印刷

定价：49.80元

前言
PREFACE

小公司联系着千家万户，广泛分布并活跃在各个行业和领域中。小公司既为民众提供了丰富的产品和全面的服务，又被作为吸纳和调节就业的“蓄水池”。小公司是促进创业、引领创新的重要力量，可以在市场变化时，相对快速地获取市场信息并第一时间做出反应，及时应对市场和客户需求的变化。此外，小公司也可以为大中型公司提供一系列配套的生产作业支持，既可以与大公司协同发展，又可以规避相关的经营风险、提升公司的盈利能力。小公司在经济社会发展中切实发挥着重要的作用。

然而，小公司在逐步发展的过程中也暴露出一些日常管理方面的问题：公司的管理者或被管理者出现自我认知不清晰、缺乏明确的目标；管理者在人才“选、用、育、留”等方面的措施有待完善；管理者应该集权还是授权；公司各级、各部门间的沟通存在问题；公司薪酬与绩效方案有待完善；团队建设水平有待提升；等等。这些问题如果无法妥善解决，将会成为小公司发展道路上的绊脚石，因此，需要公司管理者对这些问题进行思考，提高重视程度并采取积极的应对措施，这样才能保证小公司健康、稳定、可持续地发展下去。

本书围绕小公司日常管理工作中的个体和群体，分别介绍了自我管理、人才管理、权力管理、沟通管理、激励管理、薪酬管理、结果管理以及团队管理的相关知识以及管理实践中的注意事项。本书将理论与实践相结合，语言平实、通俗易懂，图表一目了然，对小公司管理者开展日常管理工作具有参考价值。

本书在编写过程中借鉴并参考了国内部分已出版和发表的著作和专业文献，在此向著作和文献的作者们表示感谢！

目录

CONTENTS

第 1 章 自我管理 / 001

1.1 什么是自我管理 002

1.1.1 自我认知 003

1.1.2 自我学习 003

1.1.3 自我领导 003

1.1.4 自我控制 004

1.2 为什么要进行自我管理 005

1.3 如何进行自我管理 007

1.3.1 关注公司的目标 007

1.3.2 管理自己的时间 007

1.3.3 内省 013

第 2 章 人才管理 / 015

2.1 人才选拔 016

2.1.1 选什么样的人 017

2.1.2 从哪里选人 018

2.1.3 如何选人 027

2.2 人才培养 032

2.2.1 小公司人才培养模式存在的问题 033

2.2.2 小公司人才培养模式存在问题的解决方案 034

2.2.3 人才培养的方法 037

2.3 人才梯队建设 039

2.3.1 人才梯队建设的原则 040

2.3.2 人才梯队建设的途径 040

2.4 人才留存 043

2.4.1 用“温度”留住人才 043

2.4.2 制定人才激励制度 044

2.4.3 建立和谐的劳动关系 045

第3章 权力管理 / 047

3.1 集权还是授权 048

3.1.1 根据公司的生命周期而定 049

3.1.2 根据公司规模及运营状态而定 049

3.1.3 根据领导者的管理风格而定 050

3.1.4 根据公司员工素质而定 050

3.2 选择被授权人 051

3.2.1 管理者应该充分了解下属的能力 051

3.2.2 考察拟授权对象是否符合标准 052

3.2.3 因才授权 053

3.3 授权前的准备 055

3.3.1 授权要明确 055

3.3.2 要善于授权 056

3.4 实施授权 057

3.4.1 学会授权 057

3.4.2 编制授权手册 058

3.4.3 监督权力的行使 058

3.4.4 被授权人需要按既定的程序和制度执行 059
3.4.5 把握好危机管理中临时集权和临时授权的尺度 059

3.5 授权效果评价 062
3.5.1 结构授权的效果评价 063
3.5.2 心理授权的效果评价 063

第4章 沟通管理 / 065

4.1 沟通方式的选择 066
4.1.1 口头沟通 067
4.1.2 书面沟通 067
4.1.3 非言语沟通 068
4.1.4 社交媒体沟通 069

4.2 沟通渠道 070
4.2.1 上行沟通渠道 071
4.2.2 下行沟通渠道 073
4.2.3 横向沟通渠道 076
4.2.4 非正式沟通渠道 077

4.3 引导员工交流沟通 079
4.3.1 构建开放沟通的企业文化 079
4.3.2 开展沟通技巧培训 080

4.4 跨部门沟通 082

4.4.1 跨部门沟通的障碍 082

4.4.2 跨部门沟通的策略 084

4.5 如何反馈 086

4.5.1 反馈的四种情况 086

4.5.2 下级对上级的反馈 087

4.5.3 上级对下级的反馈 087

4.6 有效倾听 089

4.6.1 了解倾听能力 089

4.6.2 如何倾听 091

第5章 激励管理 / 093

5.1 激励理论 094

5.1.1 内容型激励理论 095

5.1.2 过程型激励理论 101

5.1.3 行为后果理论 102

5.1.4 综合激励理论 104

5.2 物质激励 105

5.3 精神激励 106
5.3.1 榜样激励法 106
5.3.2 目标激励法 107
5.3.3 信任激励法 107
5.3.4 企业文化激励法 107
5.3.5 荣誉激励法 108
5.4 正负激励 109
5.5 自我激励 111
5.5.1 基层员工的自我激励 111
5.5.2 管理者的自我激励 112
第 6 章 薪酬管理 / 115
6.1 薪酬结构设计 116
6.1.1 薪酬结构设计的原则 116
6.1.2 宽带型薪酬结构设计 118
6.2 薪酬体系设计 122
6.2.1 职位薪酬体系 122
6.2.2 技能薪酬体系 123
6.2.3 能力薪酬体系 124

6.3 薪酬与岗位 126

6.3.1 薪酬的构成 126

6.3.2 公司内常见岗位的薪酬构成 128

6.4 薪酬计发 131

6.4.1 工资发放的形式 131

6.4.2 工资的支付周期 132

6.4.3 奖金的发放时间 133

6.4.4 奖金发放额度 133

6.4.5 部门奖金的分配 134

6.4.6 岗位奖金的分配 135

6.4.7 津贴、补贴的发放 136

6.4.8 福利的发放 136

第 7 章 结果管理 / 139

7.1 结果管理及其重要性 140

7.2 结果三要素 142

7.2.1 可衡量 142

7.2.2 有价值 144

7.2.3 可交换 144

7.3 结果管理的三大原则 145

7.4 结果管理对能力的要求 147

7.4.1 管理者履行结果管理义务的能力 147

7.4.2 明确预期结果与制定目标的能力 148

7.4.3 将目标与计划相关联的能力 148

7.4.4 监督与评估的能力 148

7.4.5 反馈决策的能力 149

7.5 结果管理的评价标准 150

7.5.1 关键绩效指标法 150

7.5.2 平衡记分卡 151

7.5.3 目标管理法 152

第8章 团队管理 / 155

8.1 常见的团队类型 156

8.1.1 工作团队 157

8.1.2 并行团队 159

8.1.3 项目团队 159

8.1.4 管理团队 160

8.1.5 虚拟团队 160

8.1.6 众包团队 161

8.2 团队文化建设 162

8.2.1 团队精神文化建设 162

8.2.2 团队规章文化建设 163

8.2.3 团队行为文化建设 164

8.3 解决团队冲突 165

8.3.1 团队冲突的类型 165

8.3.2 团队冲突对绩效的影响 168

8.3.3 团队冲突管理 170

8.4 打造高绩效团队 172

8.4.1 高绩效团队对组织的重要性 172

8.4.2 高绩效团队的构成要素 173

第1章

自我管理

1.1 什么是自我管理

自我管理是指个体对自己以及自己的目标、思想、心理和行为等表现进行的管理。自我管理要求个体能够对自己有充分的认知，能够约束自己、激励自己、领导自己、控制自己。自我管理强调个体对于自我状态和行为的调控，以便完成自己或他人设定的目标，或布置的任务。

无论是公司的管理者还是普通员工，都需要进行自我管理。通常情况下，自我管理需要考虑以下四个方面，如图 1-1 所示。

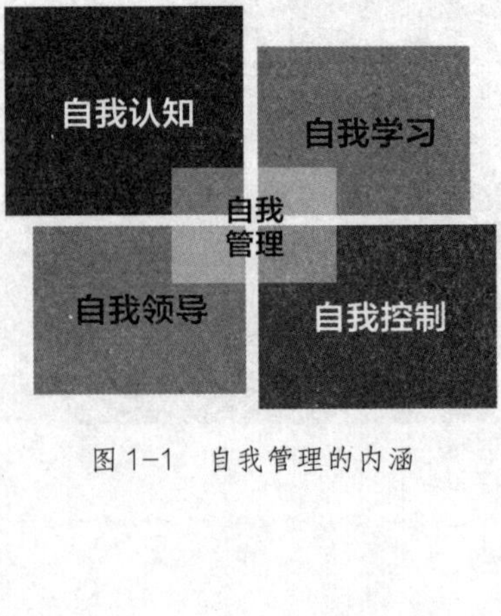

图 1-1　自我管理的内涵

1.1.1 自我认知

自我管理的前提是自我认知，通过自我观察和自我评价了解自己，洞察和理解自己的行为和心理状态。例如，经常思考“我是谁？我想干什么？客观条件能支撑我做什么？我该如何发挥？我的价值观是什么？我该如何定位？我能做出什么贡献？我有什么责任……”自我观察是觉察自己的感知、思维和意向等；自我评价是判断和评估自己的想法、期望、行为及人格特性等。基于对自身优势、价值观、行为习惯等的了解和认知，通过自我管理，不断地提升个人价值及对组织的价值。

1.1.2 自我学习

自我学习是个体为了获得有助于自我发展的知识、技能和能力而在工作中进行的一种外在行为。自我学习包括与工作相关的学习和个人技能发展。与工作相关的学习是指个人主动学习与工作相关的知识，并与工作环境中的其他人建立联系。个人技能发展是指通过继续教育和各类技能培训等学习新知识，获得新能力，并在这个过程中解决实际问题。通过自我学习，个体可以具备更强的工作能力，为公司发展做出更多贡献。

1.1.3 自我领导

当个体有了清晰和正确的自我认知，并且设定了符合自身情况的合理目标后，就会有意识地去实现目标。在实现目标的过程中，就要发挥自我领导力了，这时的自我领导体现在全身心投入工作的责任感中，体现在勇于创新、超越自我的使命感中。

1.1.4 自我控制

自我控制是个体利用自己的内在力量改变不良行为，培养良好行为的策略。自我控制是个体对自身心理与行为的主动掌控，通过自我协调、监督、校正、调节等，保证自己的行为可以实现设定的目标。自我管理是个体改变策略的能力，能够控制冲动和原有策略。自我控制能力存在于个体中，而且根据个体所处环境存在差异。比如，当公司处于初创期时，公司成员会表现出较强的自我控制能力，公司上下充满激情，团结互助，为了公司的发展主动、积极地工作。这个阶段如果设定过多的规则，有可能消减员工的主动意识和自控能力，影响公司绩效。当公司处于成熟期时，公司有了规范的管理制度、清晰的岗位职责、明确的工作分工。这个阶段如果放松管理，那么员工的自控能力也有可能会减弱。

1.2 为什么要进行自我管理

管理，要从自身开始。彼得·德鲁克在《卓有成效的管理者》中指出："每个人都是管理者……一个有能力管好别人的人不一定是一个好的管理者，而只有那些有能力管好自己的人才能成为好的管理者""管理自己是人类事务中的一场革命"。彼得·德鲁克在《21 世纪的管理挑战》中还指出，未来的管理将特别涉及自我管理艺术的影响，并指出"有伟大成就的人向来善于自我管理"。个体只有先通过自我管理将自己各方面的秩序建立起来并加以完善，然后才能处理社会组织中存在的问题。

在传统的管理思想中，也有关于自我管理的内容。例如《礼记·大学》中的"修身、齐家、治国、平天下"思想。就是先努力提高个人的自身修养，然后治理好家庭，进而实行仁政德治，治理好国家，安抚和治理天下百姓，最终求得天下太平。《论语》中“修己以安人”的思想也是指要先提高自身修养，才能使人民安乐。

在公司中，个体的自我管理能够以小见大、见微知著。无论是管理者还是普通员工，其自身修养、个人的行为和思想都可以影响公司的管理和发展。对于公司管理者而言，良好的自身修养是个人影响力和领导力的重要组成部分，能使下属对其产生敬佩和信任。对于普通员工而言，通过自我管理使自己能够严守职业道德和从业底线，不做损害公司名誉和利益等的行为。管理者要根据管理的需要修正自己的管理行为，充分考虑自己的行为会对下属产生什么样的影响和作用，并以此来提高自己的自觉性，以身作则，做下属的表率。正所谓“其身正，不令而行；其身不正，虽令不从”。

1.3 如何进行自我管理

1.3.1 关注公司的目标

管理者要始终关注公司的发展目标，将自己的工作与公司的目标结合在一起，关注自己的工作对公司、对利益相关者能做出哪些贡献。合格的管理者既不会制造烦琐的规章制度来增加员工的负担，也不会制定不切实际的绩效标准。

1.3.2 管理自己的时间

管理者应该善用时间管理工具，合理支配和使用自己的时间。常见的时间管理工具有“四象限法”“二八法则”“ABC时间管理法”等。

1. **四象限法**

四象限法即四象限原理，就是把工作根据重要和紧急这两方面的程度进行划分，基本上可以把工作分为四个象限：紧急且重要、重要但不紧急、紧急但不重要、既不紧急也不重要，如图1-2所示。

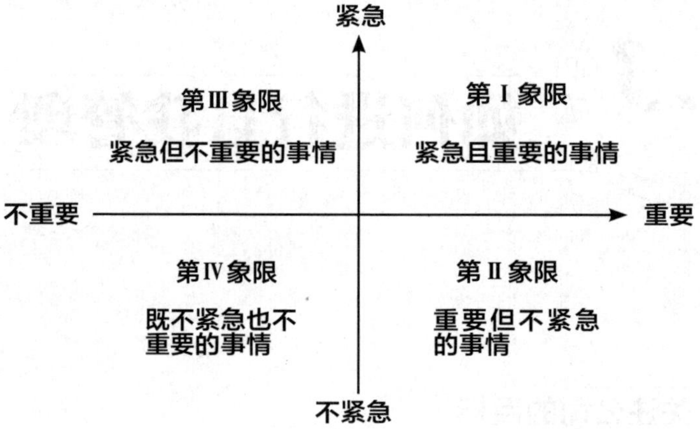

图1-2　四象限法

公司管理者处理工作的顺序为：首先做既紧急又重要的事情，其次是对重要但不紧急的事情制订工作计划，再次是可以将紧急但不重要的事情交由下属解决，最后是尽量少做或者不做既不紧急也不重要的事情。

在时间管理方面依从四象限法处理工作，能使工作重点突出、主次分明、井然有序。需要注意的是，四象限法的核心在于让人们将焦点放在重要但不紧急的事项上，原因在于，管理者如果总是有紧急又重要的事情要做，则说明在时间管理方面存在问题。管理者如果通过制订计划，尽可能地把较多的时间花在重要但不紧急的事情上，则能减少紧急又重要事项的工作量。

公司管理者应该如何应用四象限法呢？首先，将自己在一定时间段内待办的事情列一份清单；其次，绘制四象限草图，根据每件待办事情的紧迫性和重要程度，将其填入相应的四象限中；最后，根据待办事情所在的不同象限，确定它们完成的先后顺序。

为了避免被紧急又重要的事情打个措手不及，公司管理者可以制作一张“时间记录表”（见表1-1）。在填写时间记录表时，管理者需要做到以下几步。

表1-1　时间记录表

序号	时间段	待办事情	完成事情所需时间	待办事情的优先等级	备注

第一步，明确一个时间段，如一天、一个星期、一个月等；第二步，列出相应的时间段内需要完成的全部事情；第三步，估计完成每件事情需要花费的时间；第四步，根据事情完成的

先后顺序，确定它们的优先等级。

除了制定时间记录表外，还建议管理者将每天要处理的事情列成一张清单，即“每日事项清单”（见表1-2）。以一个工作日为例，首先，管理者分析这个工作日内的工作内容，列出该工作日内待办的事情；其次，用四象限法分析出所有待办事情的优先顺序；再次，估计并写下预计完成待办事情所需的时长，完成每件事情后记录做该事情实际所用时长，并算出实际所用时长和计划用时长的差距；最后，分析在时间方面产生差距的原因，并制定改进措施。

表1-2　每日事项清单

序号	今日待办	优先等级	计划完成需用时长	实际完成所用时长	差距	原因	改进措施

管理者在每周工作日的最后一天，通过梳理、归纳每日事项清单中的事项执行情况，审视当周的时间管理情况，并汇总成“时间管理审查表”（见表1-3）。管理者根据时间管理审查表梳理、归纳出个人在一周工作日内完成的事情，并计算当周内完成某项事情的时长总和。接下来，审核当周完成该事情的实际时长与计

划时长是否有差距，以及产生差距的原因。最后制定改进措施。

表 1-3 时间管理审查表

事项所用时间	星期一	星期二	星期三	星期四	星期五	本周完成事项总时长	实际时长与计划时长差距	原因	改进措施
事项 1									
事项 2									
事项 3									

2. 二八法则

二八法则也被称为关键少数法则、不平衡原则等。它指出：在个体活动中，20% 的活动贡献 80% 的成果；在公司中，20% 的重要客户贡献 80% 的销售额；20% 的重要产品或服务能获得 80% 的利润；20% 的重要任务产生 80% 的价值；等等。因此，管理者应该学会抓主要问题，避免将时间和精力花费在琐事上。

凡事都有轻重缓急之分，做事前先捋清事情的轻重缓急再分配时间，对于时间管理四象限法，20% 的重要且紧急的事情，常常需要用 80% 的时间来完成，而 80% 不重要或不紧急的事情，用 20% 的时间完成即可，这样可保证工作的高效、高产，杜绝碌碌无为。例如，尽量避免召开形式主义的会议，取而代之的是召开由几个相关部门及人员参加的解决实际问题的会议。管理者可以先列出需要完成的各类事情，然后按其重要性进行工作价值分类，最后根据工作价值高低分配时间和精力，制定“二八法则时间管理表”（见表1-4）。需要指出的是，管理者还要了解自己每天精力较充沛的时间段，在这个时间段完成较重要的事。

表1-4　二八法则时间管理表

<table>
<tr><td>待办事项</td><td colspan="2">1.
2.
3.</td></tr>
<tr><td rowspan="5">工作价值分类（注明时间和精力分配情况）</td><td>价值80%的工作</td><td>价值20%的工作</td></tr>
<tr><td></td><td></td></tr>
<tr><td></td><td></td></tr>
<tr><td></td><td></td></tr>
<tr><td></td><td></td></tr>
</table>

3. ABC时间管理法

ABC时间管理法旨在提高时间的利用率，建议每个人都要确定不同阶段自己要达成的目标，并将自己各阶段的目标分为A、B、C三个等级。A级为最重要且必须完成的目标，B级为较重要且很想完成的目标，C级为不太重要且可以暂时搁置的目标。

在公司中，管理者也可以按照这种方法，将需要处理的事情分成这三个等级，制定“ABC时间管理分级清单”（见表1-5）。A级事情为必须做的，与实现既定目标相关的关键事务。A级事情完成后会产生显著的效果，如果没有完成，则可能造成严重的后果。B级事情为应该做的，具有中等价值的事情，有助于提高个人或公司业绩，但不是关键性的。对于B级事情可以进行合并处理、简化处理或适度授权处理。C级事情是指可以做，但价值较低的一类事情，C级事情可以延后处理，且不会造成严重后果。

表1-5 ABC时间管理分级清单

等级	待处理事项	处理方式
A		
B		
C		

1.3.3 内省

在中国的传统文化中，自省是君子、圣人必备的道德品质。在《论语·里仁篇》中，孔子曰："见贤思齐焉，见不贤而内自省也。"在《论语·学而》中，曾子曰："吾日三省吾身：为人谋而不忠乎？与朋友交而不信乎？传不习乎？"

在现代组织中，自省有助于培养和强化管理者自我约束、自我控制的意识和能力；有助于戒除自负；有助于管理者意识到自己的优缺点，发展自身职业能力，促进自我提升和个人成长。管理者的自省和自我批评，既有助于其获得下属的理解与支持，也有助于其完善管理方式和策略，提升管理能力。

第2章

人才管理

2.1 人才选拔

发现和选拔人才是一项复杂的工程。

在治国层面，选人和用人事关安邦定国与执政安全。据《资治通鉴》记载，唐太宗李世民在与魏征谈论如何考察和使用人才时，曾说："为官择人，不可造次。用一君子，则君子皆至；用一小人，则小人竞进矣。"

小公司选人、用人直接影响公司的可持续发展，能否制定适合、科学的选人标准，并将其用于实际操作也直接反映出公司管理者的水平。从小公司的成长来看，无论是竞争优势的强化与提升，还是基础实力的稳固与扩大，都与公司所选拔的人才息息相关。

2.1.1 选什么样的人

识人和选人是公司管理的一件大事，公司管理者既不可违背公平、公正、公开的原则，也不能简单机械地执行选拔任务。古人有“选贤任能”的德行观、“唯才是用”的人才观、“知人善任”的用人观，以及“正人正己”的修行观。进入新时代，管理者应该强调基本选人标准，摒除与岗位要求无关的其他要素，对候选人的专业技能、实践经验和眼界、格局等方面进行判断，对候选人的实战能力、理论素养和心理素质进行综合把关，并有效地判断其是否拥有高效解决问题的能力等。通过层层考察、挑选，精准识别出合适为公司所用的人。

1. 不同岗位的选拔标准

管理类岗位可以优先考虑选择能谋善断、沉着冷静、谨慎自律、高瞻远瞩、善于社交、有良好沟通能力的人。技术类岗位可以优先考虑那些思维缜密、责任心强、行事沉稳的人。综合类岗位可以优先考虑处事灵活、适应性强、心态平和、情绪稳定的人。

2. 领导干部的选拔标准

小公司还需要重视领导干部的选拔。小公司选拔、任用领导干部，要基于公司中心工作开展的实际情况，围绕公司目标完成情况进行科学评价，涵盖领导干部思想、工作、作风等方面进行。

公司可以基于胜任力冰山模型（以图 2-1 为例）或者胜任力雷达图（以图 2-2 为例）来评价候选人的素质。

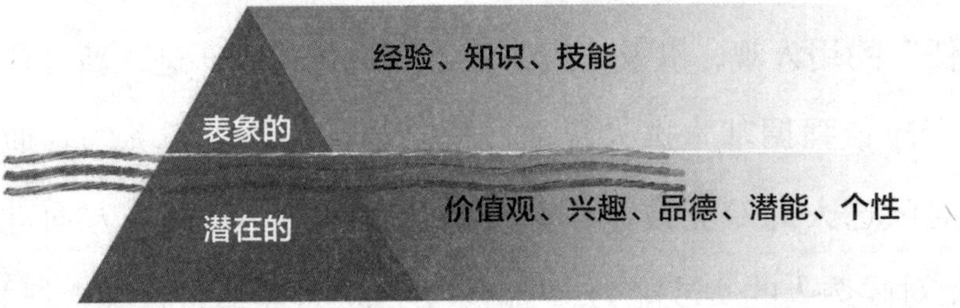

图 2-1 胜任力冰山模型

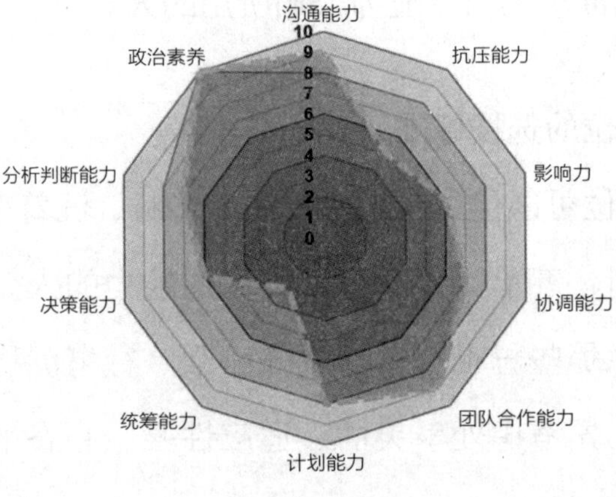

图 2-2 胜任力雷达图

2.1.2 从哪里选人

小公司选人时，应拓宽选人的视野和渠道，要坚持“任人唯贤”

这一原则，广开进贤之路，要不拘一格地选拔优秀人才。这样，在选人时才更有可能好中选优、优中选强。小公司选人的渠道可以分为内部渠道和外部渠道。

1. 内部渠道——从公司内部招聘

当公司出现岗位空缺需要招聘时，管理者首先应想到能否通过内部招聘填补岗位空缺。公司内部招聘流程主要分为七步。

第一步，由岗位空缺部门的部门经理填写“人员增补申请表”（见表 2-1），递交至人力资源部。人力资源部门审查、批准后，进一步了解该部门的用人需求，核实是否优先采用内部招聘。经核实确认后，如果该岗位可优先考虑或只考虑内部招聘，则人力资源部可准备发布信息。

表 2-1 人员增补申请表

申请部门					
增补职位及人数					
申请增补理由			希望到岗日期		
应具资格条件					
性 别		职 称		增补方式	调、借、聘
学 历		所持资格证书情况		使用期限	
经历要求					

（续表）

技能要求			
增加人员工作内容			
推荐人选		现工作单位或部门	
申请人		单位或部门领导	
公司人力资源部意见			
签字：		年　月　日	
公司领导批示			
签字：		年　月　日	

第二步，撰写内部招聘广告。内部招聘广告主要包含空缺岗位名称、人员需求数量、岗位职责、应聘人员技能要求等条件、工作条件等。然后、选择内部有效的招聘平台发布信息，如公司内网、工作群（QQ 群或者微信群）等。

第三步，组织有应聘意向的员工根据自身情况及招聘要求，向人力资源部门提交“内部应聘登记表”（见表 2-2）。人力资源部根据招聘广告及空缺岗位的需求对内聘申请者进行初步审核，审核内容包括应聘者的个人素质、能力、工作表现等。对不同级别的内部应聘者，采用不同类型的知识、技能、能力等测试，并对每一位参与初审测评的内部应聘者给出相关书面评估意见。评估意见包括应聘者的优点、缺点，以及对其提出的建议等。对不符合要求的应聘者，人力资源部应向其说明未入选原因，并鼓励其努力争取下次机会；对符合要求的应聘者，人力资源部将应聘资料转至用人部门，并与用人部门确定面试时间、地点、方式等具体事宜。

表 2-2　内部应聘登记表

姓　名		现部门		
现职位		申请职位		
本司工作经历	开始时间	结束时间	工作内容描述	薪　酬
** 部门				
** 部门				
内部培训情况				
培训名称	开始时间	结束时间	是否参加过考试	考试成绩
业余爱好				
应聘该岗位的原因				
补充说明				
签名：			年　月　日	

第四步，人力资源部安排用人部门对初审合格的内部应聘者进行复试。人力资源部监督复试的过程及结果，确保用人部门在复试时对内部应聘者采用的通过标准和外部求职者的标准相同。经复试考核后，对于未被录用的内部应聘者，由人力资源部配合用人部门，向其解释未录用原因，并鼓励其继续努力，争取下次机会。

第五步，对于复试合格的内部应聘者，由员工现所在部门的直接管理者、部门经理、用人部门经理、人力资源部进行员工背景及部门意见调查。用人部门可以直接向内部应聘者的现任上级或部门经理了解应聘者的工作表现，并征求其意见，确认其是否同意员工调动。如对方同意，则进一步就工作交接等事宜达成共识。如果内聘人员是被提升到某个岗位或者是公司在组织内部进行的安排，那么，直接管理者和经理只要无特殊理由，就应同意该员工调动，并在规定的时间内找到合适的人选来接替其现在的工作。

第六步，确定录取内部应聘者后，由用人部门管理者填写“人员调配通知单”（见表2-3），上交人力资源部，人力资源部负责办理该员工的调动手续。普通岗位的内聘，仅需要给拟录取的内部人员发送录用通知。中层管理者及以上的内聘职位，则需要在组织平台上发布录用公告。

表2-3 人员调配通知单

姓　　名		通知日期		入职日期	
现任岗位		调任岗位		到岗时间	
调动事由					
现任岗位负责人	签字：　　　　年　月　日				
调入岗位负责人	签字：　　　　年　月　日				

第七步，被录取的人员到人力资源部领取并填写一式两份的“岗位调配登记表”（见表2-4），并经逐级审批后将其返还给人力资源部，再由人力资源部抄送财务部。如果内聘人员应聘的岗位需要调整职级和薪金，则需要由用人部门管理者填写《员工入职薪酬确认书》，经（副）总经理批准后，交至人力资源部审核备案。内聘员工必须在规定时间内完成调动手续和工作交接后，才能到人力资源部报到，然后去新部门报到。人力资源部根据最新的资料更新员工的岗位信息和薪资记录并存档。

表2-4 岗位调配登记表

姓　　名		性　别		出生年月	
政治面貌		学　历		入本公司时间	
原部门			调至部门		
现级别			申请级别		

（续表）

原工资		调动后工资	
调职日期			
调职理由			
调出部门意见		调入部门意见	
人力资源部门／行政部门意见		主管副总意见	
审批意见	调整后的岗位		
	批准调整月薪		
	批准生效日期		
	人力资源部门／行政部门副总意见		
	总经理		

2. 外部渠道——从公司外部招聘

除了内部招聘外，公司也会通过外部渠道寻找候选人。外部渠道包括各招聘网站、校园招聘、社会招聘等。

（1）招聘网站

目前我国招聘网站数量较多，传统的招聘网站有前程无忧、智联招聘、新华英才网等；垂直招聘网站有拉勾招聘、BOSS 直聘等；猎头招聘网站有猎聘网、猎上网等；社交招聘网站有脉脉、Linkedin（领英）等。

（2）校园招聘

公司开展校园招聘时需要考虑不同学校、不同专业可能在学制上存在差异这一情况，可以通过查询学校的网站和专业设置情况，结合公司空缺岗位的特点和用人需求，选择相应的学校进行校园招聘。开展校园招聘时，公司会进校召开宣讲会，在宣讲会上介绍公司的历史、经营理念、产品、市场情况、工作环境、招聘岗位，以及具体要求、薪酬福利、企业文化等。宣讲会不仅要介绍公司的情况，也要宣传公司文化和价值理念。通常情况下，在宣讲会上应给参加的同学发放宣传单（手册）。在宣讲会上要实事求是，用语简洁准确。宣讲会的时长大概控制在1小时左右。如果时间允许，还可以介绍公司所在城市的人文及地理环境，让非当地户籍的学生对公司及公司所在地有大概的了解。

在校园招聘阶段还会进行现场面试。现场面试时，除了考查学生的专业知识外，还要关注学生的言谈举止，观察其是否礼貌、正直、自信、稳重等。

校园招聘结束后要出具一份包括学校的基本介绍、校风、参与宣讲会人数、面试人数、拟签订三方协议的人数等方面的工作总结报告。待全部招聘工作结束后，再在其中增加报到人数等信息。

（3）社会招聘

开展社会招聘的主要流程如下。

第一步，用人单位与招聘会的主办单位洽谈招聘活动的具体事宜，预订展位。整理招聘岗位的相关信息，把电子版资料发给招聘会主办单位，以便提前在招聘现场通过 LED 屏或展示栏等发布。确认招聘会的时间、地点，确认展会的环境，确认展台的具体位置。

第二步，根据所在展位的位置等情况制定宣传方案。宣传方案的原则是：最大限度地吸引应聘者的注意，达到简历收取数量最大化的效果。需要注意的是，造势不等于哗众取宠，不可低俗或惹人厌烦，不要影响其他招聘单位。

第三步，根据招聘展位的实际条件和招聘岗位的情况布置场地、制作宣传资料。宣传手法或宣传资料主要包括喷绘、海报、室内广告、易拉宝、宣传手册等。

第四步，确定参加招聘会的工作人员名单，明确招聘流程以及各工作人员的任务。召开参会相关工作人员的动员会，确定招聘会的工作分工、作业流程，培训招聘会现场的沟通技巧、对突发状况的处置技巧等相关内容。

第五步，召开管理层会议，与相关人员沟通，推动并组织相关部门及相关人员对招聘活动进行关注、支持和协助。

第六步，利用其他宣传渠道宣传本公司招聘会信息。目前，也可以利用手机直播平台开展同步网络直播、宣传。

第七步，招聘会当天，工作人员提前入场，布置会场。如会场已提前布置好，则当天需要进行设备测试，或者检查是否有遗漏的材料等，做好与招聘相关的准备工作。

第八步，现场向初试合格的人员发放面试通知单，告知候选人在规定的时间，凭通知单到指定地点面试。

2.1.3 如何选人

在选人的过程中，首先，要对候选者素质的优劣程度进行判断；其次，确保进入二次筛选的候选者至少要有耀眼之处。因此选人可以分为以下两大环节。

1. 筛选简历或申请表

（1）社会求职者的简历筛选

社会求职者的简历主要包括求职者的基本信息、受教育程度、工作经历和个人业绩等四方面。个人基本信息包括姓名、性别、年龄、民族、政治面貌、专业、毕业院校、学历学位等；受教育程度包括接受过的学历教育经历和参加各类培训的经历；工作经历包括历任工作单位名称、历任工作的起止时间、工作内容等；个人业绩包括获得的各级、各类奖励和荣誉称号等。

对于要求严格的岗位，在筛选个人信息时要采取“一项否决”的原则，即只要性别、年龄、工作经验、学历等指标有一项不符合职位要求的，则立即淘汰。

在筛选受教育程度时，需要判断候选者所学的专业与招聘岗位的匹配程度。另外，要特别注意一些模糊的表述，比如受教育年限、所学专业、获得学位情况等。在筛选培训经历时要重点关注候选者参加过的专业培训和所获得的资格证书是否与招聘岗位的需求相关。如发现有令人质疑的信息，则需要记录下来，在候选者进入下一阶段的筛选后再着重了解。

（2）应届毕业生的简历筛选

对于应届毕业生的简历，除了关注其信息的真实性外，主要看其学习成绩、实习经历以及社会活动经历中是否有亮点。学习成绩优异，则意味着学生对专业知识掌握得扎实牢固。出彩的实习经历、社会活动或兼职经历等都会反映出学生的综合素质。

2. 笔试和面试

（1）笔试

笔试是通过选择、判断、匹配、填空、论述、案例分析等文字测验的形式考查候选人的文字表达能力、专业知识、分析能力等。在招聘规模较大的情况下，进行笔试可以在短时间内了解候选人的专业知识、专业能力、专业作风、专业精神等专业素质，而不仅仅局限于是否专业对口这简单的一项。笔试花费的时间少、效率高，成绩评定比较客观。如今，公司还可以先进行线上笔试；笔试通过后，招聘人员在线上与候选人进行沟通，对其有初步了解之后再进行分类面试。

（2）面试

面试效果的好坏直接影响招聘质量的高低。因此公司在面试前应做好充分的准备工作。

首先，公司需要根据自身所处的发展阶段确定所需员工的胜任特征。比如，初创期的公司，需要有丰富工作经验的人员来制定规章制度、指导业务开展。因此，在面试时需要着重考察应聘者的业务能力。对于成长期的公司而言，需要具有创新能力的员工。因此，在面试阶段应着重考察应聘者创新意识、明辨性思维能力、洞察力、学习能力、解决问题的能力等胜任特征（见图 2-3）。

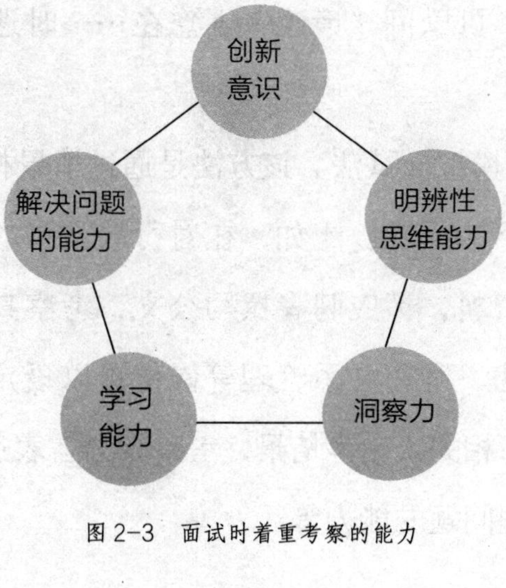

图 2-3　面试时着重考察的能力

其次，公司要制定科学的面试方案。确认负责面试工作的相关人员及工作分工，梳理好面试流程，结合公司发展战略、目标和用人岗位的需求，设计合理的面试题目，落实面试评分标准等。

在面试过程中，把握面试过程的关键点，在面试刚开始时从简单的问题入手，通过营造一个相对轻松的氛围缓和应聘者的紧张情绪，之后再循序渐进地通过提问深入考察应聘者的胜任力。公司在面试时可以采取以下几种方法。

第一，行为描述面试法。面试官通过应聘者对自己行为的描述来了解应聘者过去的工作经历与求职动机，以及其对特定行为所采取的行为模式，并与空缺岗位所期望的行为模式进行比较分析。比如，如果想了解应聘者的求职动机，那么可以问“请介绍一下您过去的工作经历和离职的原因？”如果想考察应聘者的相关能力，可以问“请谈一下您在……时遇到的情况。您是怎样处理的？”

第二，情景模拟面试法。该方法是通过情景构建，观察应聘者在特定情境下的反应。比如，在对行政文员的面试中，可以发放相关背景资料，请应聘者撰写公文，考察其公文写作及处理能力；对销售、客户关系管理等岗位可以设定电话沟通、接待来访者和拜访相关人士等情景，考察其语言表达、言谈举止、态度、快速处理问题的能力等。

第三，无领导小组讨论。将6～8名应聘者组成一个小组，针对公司实际运营中可能出现的某个问题展开讨论。面试官观察应聘者的反应和表现，从而分析应聘者的组织能力、归纳能力、决策能力、分析能力、协调能力和控制能力等。

2.2 人才培养

公司要注重丰富人才培养的内容和方式。丰富人才培养内容可以促进人才质量的提高。公司需要根据公司战略、业务发展需求和员工的实际情况，设计明确的人才培养机制，并采取不同的方法打造人才，并切实保障各级员工都能得到培养与发展。

首先，公司要从整体经济环境出发，设定公司发展的短期目标和长期目标；其次，公司要将这些目标具体地细分到每个部门和每位员工身上，明确每个部门和每位员工都应该完成哪些任务，以及这些任务的达成度和质量标准；最后，公司要对部门和员工的职能和责任进行分析，以确定培养方向。

2.2.1 小公司人才培养模式存在的问题

1. 公司管理者对人才培养重视程度不高

部分小公司的管理者认为人才培养耗时耗力，即使公司不惜成本培养出优秀的人才，一旦人才跳槽，就相当于为人作嫁，得不偿失。另有部分小公司的管理者认为，公司需要人才时可以去人才市场招聘。但是他们却忽略了，有时可能无法及时招聘到适合的人才；即便招到了，如果不进行内部培养，人才也有可能“水土不服”。

2. 缺少系统的人才培养机制

有部分小公司实行家族式管理，关键部门的管理者或是亲戚朋友，或经熟人介绍而来等。在这种情况下，很少会建立科学系统的人才培养机制，这样就可能导致人才减少、庸才增多，制约公司的发展。

3. 人才培养项目的针对性弱

许多小公司会遇到这样的情况：当公司中的一名老员工离职或者退休后，对其曾经负责处理的业务或者使用的仪器设备，其他人因为不了解、不熟悉而无法接手。出现这样的情况是因为公司的人才培养项目针对性弱，没有根据岗位要求、需要掌握的技术以及承担职责的异同制定有针对性的人才培养项目。

4. 人才培养流于形式

由于管理者对人才培养工作重视程度不够、培训项目针对性不强，所以接受培训的员工也有可能抱着重在参与的心态，敷衍了事，在培训中既学不到有价值的内容，也无法将在培训中所学的内容应用于岗位，这样，公司的人才培训则流于形式。

2.2.2 小公司人才培养模式存在问题的解决方案

1. 公司管理者要摒弃人才培养方面的短视行为

公司管理者应该意识到，虽然人才培养会耗费较高的成本，但是科学合理的人才培养会给公司带来收益：短期内可以提升公司的业绩和经济效益；长期则可以作用于公司运营的方方面面，比如提高生产效率、增加公司人才储备、提升公司形象等。因此，公司管理者应将人才培养作为长期战略持续进行下去，根据公司的实际情况、行业发展前景和国家大政方针等，制定科学的人才培养制度。

2. 建立科学完善的人才培养机制

除了发现外部人才外，更要深入发掘内部人才的潜能，因为内部人才更加认同公司文化、熟悉公司业务。通过建立科学完善的人才培养机制，最大限度地管理与开发公司内外部的人才资源，保障公司长效运行。公司只有加强人才的开发和培养，才有可能拥有高质量的人才，提升公司的竞争优势、促进公司长远发展。

3. 对不同类型人才分层次培养

小公司的人才按照有无管理职能分为管理者和基层员工，公司要有针对性地制定相应的培养计划及课程体系，来满足不同类型、不同层次人才的需求。组织基层员工参加各类执业资格考试辅导培训、申报职称等，提高员工执业资格证书考取率和职称评审通过率等。管理层除了参加常规的培训外，还要多参加研讨、战略分析、商场模拟实战等培训活动。

4. 开展培训效果评估

目前，我国企业最常用的培训评估方法是柯氏四级培训评估模型（见表2-5）。该方法对参训者的某一次培训，从反应层、学习层、行为层、效果层这四个层次进行递进式综合性评估。另外，在此基础上，著名绩效技术专家罗杰·考夫曼（Roger Kaufman）认为，需要增加对培训背景、组织周边环境、培训间接成效的评估，于是为上述评估模型增加了社会和顾客的后续评估环节，构建了五层次培训效果评估模型。知名培训专家杰克·菲利普斯（Jack Phillips）提出，对培训项目进行评估时应该在柯氏四级培训评估模型的基础上添加财务评估层，以考虑培训对成本和经济效益的影响，以数字化呈现、评估培训效果。因此他建立了包括反应、学习、转移、业绩和ROI（“Return on Investment”的缩写，即投资回报率）五个层次的培训评估模型（见表2-6）。

表2-5　柯氏四级培训评估模型

评估层次	主要内容	衡量方法
反应层	培训满意度	观察、调查问卷、访谈
学习层	知识吸收程度 技术能力提升	测试法、模拟演示、实际操作、角色扮演、撰写心得报告
行为层	工作效率 工作态度 工作质量	绩效考核、行为观察
效果层	组织经营绩效 生产运营状况 人力资源状况	产品合格率、事故率、生产率、离职率等

表2-6　杰克·菲利普斯五层次培训评估模型

评估层次	主要内容	衡量方法
反应层	培训满意度	观察、调查问卷、访谈
学习层	所学到的知识、技能和态度	考试、实践、观察和反馈
转移层	将所学到的知识、技能和态度应用到工作中的程度	观察、反馈和业绩评估

（续表）

业绩层	工作中实际表现的效果和成果	业绩评估、绩效考核和统计数据
ROI 层	培训对于组织的投资回报率	成本效益分析、投资回报率和财务指标

2.2.3 人才培养的方法

1. 人才盘点

通过人才盘点，公司能够对不同级别的人才进行有效的辨识，尤其是具有高潜力的优秀人才。人才盘点不仅可以提升公司的人才管理工作水平，还可以服务于公司人才管理这一战略目标。小公司应该建立人才库和人才盘点系统，定期检查，以确保人才的适度流动性。

公司可以通过人才盘点九宫格实现人才的识别。该方法的基本假设是通过两个不同的维度组合来说明公司的人才情况，这两个维度通常为绩效和素质能力（见表 2-7）。绩效和素质能力双高的“明星员工”需要重点培养；中坚力量、熟练员工、高能员工等属于稳定贡献者，也需要投入资源培养；一般员工和可塑员工绩效或素质能力不足，需进行分析和讨论，然后有针对性地采取改进措施；不胜任员工等则需要进行绩效辅导或采取调岗等措施。

人才盘点不仅能够确保公司高层次人才处于良好状态，也有利于发现优秀的后备人才，形成人才梯队。

表 2-7　人才盘点九宫格

素质能力	高	可塑员工	高能员工	明星员工
	中	待观察员工	中坚力量	绩优员工
	低	不胜任员工	一般员工	熟练员工
		低	中	高
绩效				

2. 推行导师制

小公司可以实行导师带徒弟——导师制这一培养机制，也就是由业务骨干担任导师，发挥导师“传、帮、带”的辐射和示范作用。导师制有助于新员工快速进入岗位角色，熟悉岗位职责，适应公司岗位需求，实现快速成长。

3. 开设多线路职业发展通道

小公司应关注各类人才的特点，把适合的人才放到适合的岗位上，让人才充分展示其才华，实现其自身价值。设定管理、专业技术和生产技能等的职业序列，为人才提供明确、多条职业发展通道。

4. 打造立体化培训学习平台

小公司可以打造线上培训学习平台，员工可利用工作之余的碎片化时间学习业务知识，提高综合素质。公司可将培训学时与员工的年度绩效考核、评优评先、提拔晋升等挂钩。

2.3 人才梯队建设

人才梯队是由不同能力的人组成的人才队伍，人才之间相互配合，满足公司的需求与发展，提升经济效益。

首先，人才梯队要保持年龄结构的合理性。其次，人才梯队中的人才应拥有差异化的思维模式和工作经历，这样可以拓宽看待问题的角度。再次，对于知识掌握较为深入以及多元化的人才，可以让其在复杂的竞争环境中多方位发现、解读公司发展存在的问题，并从不同视角提出解决问题的方法，促进公司发展。最后，要保证人才流动机制的合理、完善，通过人才流入与流出吸优汰劣，更好地激发公司活力。

2.3.1 人才梯队建设的原则

1. **战略匹配原则**

基于公司战略发展目标，将具备潜质的专业技术型和综合管理型人才纳入人才梯队中。

2. **共同培养原则**

注重梯队中人才的发展潜力。公司人力资源部制定人才培养计划，各部门与人力资源部共同实施培养工作。

3. **动态持续原则**

建立人才培养档案，对纳入人才梯队的培养对象进行持续的跟踪考评，对梯队结构进行动态调整，优进劣退，激励人才增强自我完善意识、促进自我成长，令人才个人发展目标与公司发展目标协调一致。

2.3.2 人才梯队建设的途径

首先，小公司应根据自身的战略目标、实际用人需求和业务发展要求，建设不同层次的人才梯队，并有针对性地做好员工的职业生涯规划工作。比如，针对骨干人才，公司可以通过完善继任计划减少人才流失，实现公司人员合理的更新换代，完成人才过渡；针对潜力人才，公司需要为其制定完善的晋升发展机制，并能保证潜力人才在达到相应标准之后得到晋升，这样才能激发员工的工作积极性，促使其最大限度地发挥自身潜能。公司可依照人才盘点结果，结合员工的岗位职级和资格等，构建不同类型的公司人才库（如图 2-4 所示），并分别制订发展计划。

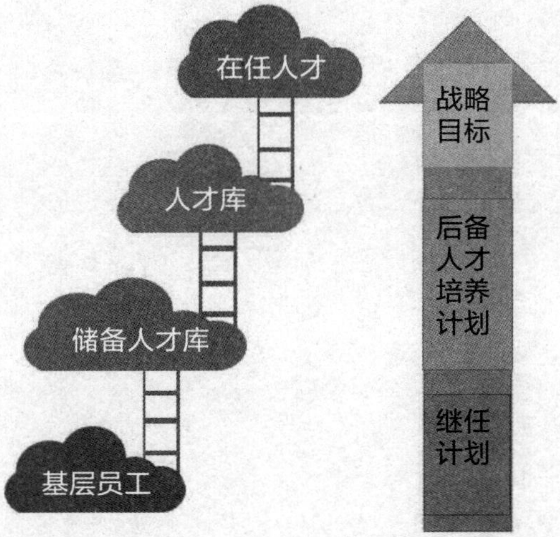

图 2-4　公司人才库

其次，公司需要依托自身所处的发展阶段做好人才梯队的调整或确定工作，在保证人才完整和全面的基础上，搭建与自身发展契合的人才梯队。例如，在公司创业阶段，储备较多的人才会增加公司人力资源成本，影响公司资金的正常周转。因此，在创业阶段，公司人才梯队建设工作主要在于做好关键岗位人才的招聘和培训工作，以满足公司发展需要。

最后，公司需要根据员工的综合情况和不同岗位的具体要求，制定有针对性的人才培训计划，并保证各个梯队中的人员均能获得培训机会，实现自我提升，为公司的长期发展做好人才储备。

2.4 人才留存

人才作为公司发展的核心力量，对公司的进步与创新发挥着至关重要的作用。相较于大中型公司，小公司在人才吸引方面处于相对劣势的状态。因此，如果小公司能关注人才价值并积极留住人才，则有助于公司尽快实现发展目标。

2.4.1 用“温度”留住人才

大多数公司会用事业吸引人、用前景鼓舞人，但是公司更需要通过具体的生活方面的帮助来温暖人。如果公司能借助政策解决人才在生活上的困难，那么他们就能更快地投入工作，尽快适应生活和工作环境。例如，对于年轻的人才，在引进时公司为其提供租房补贴或购房补贴，采取提供公租房、宿舍等保障性举措，直接解决影响其安心工作的问题，这样，会增强人才对公司的信任和对未来发展的信心。

2.4.2 制定人才激励制度

激励机制是留住人才的有效手段之一，激励方式主要分为物质激励和精神激励。公司管理者可以根据本公司的要求以及人才的需求，合理利用两种方式进行激励，以充分调动员工的工作积极性。

1. 物质激励

物质激励方面，管理者可以利用绩效奖励、奖金、提成、分红、员工持股等措施留住人才。可以借助人才信息系统进行数据分析，制定合理的物质激励措施。人才信息系统平台会自动根据员工做出的业绩计算出绩效奖金，员工也能在平台上直观地看到自己薪酬、绩效奖金等的增减，这样带来的冲击力更能调动员工的工作积极性。

2. 精神激励

在精神激励方面，管理者可以采用榜样激励、情感激励等方式。在公司内部评选优秀员工，拓宽公司内部的沟通渠道，鼓励人才为公司发展建言献策。

2.4.3 建立和谐的劳动关系

公司要与人才建立合规、合法、和谐的劳动关系，积极践行企业的社会责任。通过完善公司的制度体系建设，最大限度地保障人才的合法权益，尽可能满足其合理诉求。此外，公司还要保护自身的合法权益，通过制定人才管理规章制度降低人才流失率，规避可能发生的人才流失风险和经济损失。

第3章 权力管理

3.1 集权还是授权

人是依靠组织生存和生活的，公司是由人构成的组织之一。公司的运行也是公司管理权的运行。集权是指公司主要的决策权集中掌握在公司高层管理者的手中，而中、基层特别是基层管理者，基本上没有决策权。授权来自“参与式”管理理论，是指管理者与下属进行权力分享。20 世纪 70 年代以来，随着组织发展运动的兴起，授权被许多组织管理者所接受并应用于管理实践中。在乌卡（VUCA，是“Volatile、Uncertain、Complex、Ambiguous”的缩写，即不稳定、不确定、复杂、模糊）时代，工作环境变得更加复杂和难以预测，管理者很难做到对每件事情“事必躬亲”。于是，向员工授权成为公司常用的管理方法。

那么究竟由哪些因素决定公司是集权还是授权呢？

3.1.1 根据公司的生命周期而定

管理学家伊查克·爱迪思（Ichark Adizes）把组织的生命周期分为孕育期、婴儿期、学步期、青春期、盛年期、稳定期、贵族期、官僚化早期、官僚期和死亡期十个发展阶段。爱迪思认为，婴儿期组织的核心问题是生存问题，这时的组织没有精力和资金进行内部管理制度的建设，这时的组织是高度集权的，管理者需要通过快速决策来保持经营的灵活性。如果在此阶段授权，公司会因缺乏控制机制而失控。直到现金和经营活动达到稳定水平，公司拥有了一定数量的稳定客户且产生盈余时，才算进入学步期。从此阶段开始，管理者应该采取授权管理的方式了。

3.1.2 根据公司规模及运营状态而定

公司规模较小时，大部分决策都是由高层管理者直接制定和组织实施的，集权倾向更为明显，决策权的使用也可能成为管理者的习惯。公司在有明确的、充足的盈利收入的情况下，大多会倾向于采取集权式管理方式，这种状态下，公司员工熟练的、常规化、程序化的操作会使工作成效更加稳定。而当公司收入来源不稳定时，公司往往倾向于授权管理，通过发挥公司智库的力量提高盈利能力，分担经营风险。

3.1.3 根据领导者的管理风格而定

公司领导的风格在很大程度上决定了公司运作是集权还是授权。领导风格是经过长期工作实践形成的，相对稳定，往往较难在短时间内改变。如果公司内其他成员不适应现任领导的管理风格，则很容易在执行任务时产生或多或少的冲突。在数字经济背景下，随着公司外部环境的快速变化，公司面临着高度不确定性，处于这样的经营环境中，授权型领导更受公司员工欢迎。

3.1.4 根据公司员工素质而定

当公司员工素质普遍不高时，公司就需要指定专门的人员监督每一个环节，采取集权式管理模式。而当公司员工专业性较强且工作专注度较高时，则可以考虑执行授权式管理模式。

3.2 选择被授权人

在授权管理中，管理者应该“因才授权”，即在授权的时候一定要以被授权人的知识水平、才能、素质修养等作为依据，能力与责任和权力相匹配，真正有能力承担一定的责任和权力的人才能被授权，而不是管理者以自己的亲疏好恶等主观感受为依据进行授权。那么，在授权管理中如何选择正确的被授权人员呢？

3.2.1 管理者应该充分了解下属的能力

要因时、因事而异，根据具体情况确定员工适不适合被授权。公司选人时要看候选人的胜任力，授权管理时亦如此。管理者需要考虑，如果将工作授权给某人，这个人的能力是否满足完成授权工作的要求。这时就需要根据具体情况来确定人选，需要避免“晕轮效应”，即在人际知觉中所形成的以点概面或以偏概全的主观印象，不可盲目地以为某人之前将某项任务完成得好，那么对于其他任务他也能一样顺利完成。

要根据拟被授权人的认知能力、个性、特质、行为模式与工作的匹配度，以及兴趣爱好、优缺点等来判断向谁授权更合适。此外,还需要看拟被授权人是否有意愿成为授权对象。对于有能力，但是意愿较弱的人，管理者应该使他们产生更多的内驱力，从物质和精神两个方面激励他们，以期达到拟被授权人产生愿意被授权完成任务的动机。而对于那些既没有能力，也没有意愿的员工，就一定不要纳入考虑范围内。因为这类员工不能胜任工作，如果授权给他们，他们非但不会完成任务，还可能令公司蒙受损失。

3.2.2 考察拟授权对象是否符合标准

管理者可根据将要授权的工作，先绘制一幅能够圆满完成工作的被授权人的人才画像，然后再对照标准去选定合适的授权对象。在考察拟被授权人时应做到以下这几点。

首先，要关注拟授权对象是否具备与授权任务相关的工作经验和专业技能。一般而言，业务熟手要比业务新手更有优势，也更能出色地完成工作任务。

其次，要听取公司内部员工的参考意见。这些意见可以帮助管理者剔除一些个人主观成见，做出更客观的选择。

再次，要参考公司外部人员的意见。这些外部人员包括公司的供应商、客户等利益相关者，他们反馈的意见有时比公司内部的意见更加真实和客观。

最后，对拟授权对象做出客观公正的评价。

3.2.3 因才授权

公司可以将员工划分为不同类型，针对不同类型的员工开展相应的授权，管理者也在授权工作中扮演不同的角色。

1. 有意愿但缺乏经验的新员工

这类员工有较强的工作意愿，但是经验不足。因此，管理者可以授权让他们完成一些最基本的事务性工作，例如：搜集汇总资料、制作 PPT 等低风险、重复性强的工作，这样可以令他们尽快熟悉工作流程，掌握完成相应工作的技能。需要注意的是，虽然管理者把工作授权了，但这并不代表管理者就变成“甩手掌柜”，而是应当充当导师，对授权对象的工作进行相应的指导。

2. 有工作经验，但技能不足的员工

管理者面对有一定工作经验但缺乏技能的员工时，应扮演教练的角色——除了向其定期授权常规工作外，还要不定期地指定员工承担具有挑战性的工作，并给予员工足够的支持。

3. 经验丰富和技能较强的员工

管理者是这类员工的支持者和坚实后盾，可以将较为重要的工作授权给这类员工，例如重要项目的商务沟通或谈判、公司VIP客户的拜访、公司的重要决策或文件的制订等。这种情况下，管理者是员工的有力支持者。

4. 公司的核心员工

管理者应向公司核心员工充分授权，对于核心员工来说，只需要把任务交给他们，他们就可以自主完成。这时，公司的管理者只需确保核心员工在完成任务的过程中不偏离工作轨道即可。

3.3 授权前的准备

3.3.1 授权要明确

授权必须明确，且具有可操作性，要将定量指标和定性指标明确地告知被授权人。比如公司财务部对出差报销签字的权限如下：金额在 5000 元以下的报销单可以直接由出差人所在部门负责人签字后送至公司财务处；金额在 5000 元（含 5000 元）到 20 000 元（不含 20 000 元）之间的报销单，需要先由出差人所在部门负责人签字后，再报送至公司财务部，部长签字后才能履行报销手续；金额在 20 000 元（含 20 000 元）以上的报销单，除了需要出差人所在部门负责人、公司财务部部长签字之外，还需要公司分管相关工作的（副）高层签字。这就属于非常明确的授权。

反之，授权是不明确的。授权不明确，则意味着缺少明确的行为。一旦管理者缺少明确的行为指引，那么他们在做出经营决策时下属可能会无所适从。同时，由于授权不清晰，导致责任也不清晰，很可能出现扯皮、效率低下等问题。

3.3.2 要善于授权

公司的管理者必须要有授权意识，既不能将所有权力都掌握在自己手里，也不能所有事情都亲自行使权力。不善于授权的管理者，所有事情都亲力亲为，会非常消耗自身的时间和精力。设想一下，如果基层部门购买 100 元的打印纸也需要公司财务部领导批准的话，那么这位财务部领导每天将需要处理多少这种本可以由基层部门主管就可以决定的事情呢？管理者的精力、时间、能力和技能是有限的，如果凡事都由自己亲自处理，而不进行授权，则难免会出现失误。

要想让下级增加责任感，从无为变有为，管理者必须善于授权。

3.4 实施授权

3.4.1 学会授权

公司管理者要学会授权，比如公司高层管理者对中层管理者进行授权，中层管理者对基层管理者进行授权，基层管理者对非管理层的员工进行授权，即层层授权。授权是一种契约，通过公司中不同层级的人员将任务执行到最后，完成整个任务流程的全部职能。

公司管理者可以将一定的权力授予被授权人，且能够可以替被授权人承担责任。管理者将相关权力授予员工后，不进行干预，让员工在授权范围内做事情。但是，如果被授权员工在完成任务的过程中被突然收回权力，员工承担任务的积极性可能会受到影响，那么下次管理者再进行授权时，可能会遇到障碍。

3.4.2 编制授权手册

授权手册既是公司基本授权程序行使的依据，也是公司授权体系的核心内容。

首先，编制授权手册应该以公司章程、管理机制、部门职责和制度流程等为依据；其次，授权手册中应该列明公司各个管理层级作为最终决定环节可批准的事项范围，各业务事项的审批全过程；最后，授权手册中还应该明确授权的行使原则和无授权事项的处理方法。

3.4.3 监督权力的行使

在公司中，如果不监督权力则会产生腐败和错误。监督权力的行使，要规避权力集中在一个人的手中，要分权。基于权力运行的视角，公司设置流程是将一大类事情分成若干步，并由不同的人完成；或者两个或两个以上的人共事，相互监督；公司管理中，任何层级的管理权的运行，都要体现监督机制，这样既可以预防腐败，又可以防止错误的发生，提高效率。

授权的监督有两种类型，即过程监督和结果监督。前者指的是对被授权者执行所授权力的过程中进行持续的监督，比如，财务反馈、实际支出和预算的对比等。在这一过程中，有关部门需要随时跟进授权执行的情况，如果发现有与授权目的不一致的地方，需要授权者立即取消授权，并查明原因。后者指的是对授权结果进行监督。这种监督可以充分反映授权的效果，看其是否达到了授权的目的，如果执行效果不佳，被授权人则需要承担相应的在被授权前事先明确的、认可的责任。

3.4.4 被授权人需要按既定的程序和制度执行

公司管理者的授权是“放得下”，被授权人则应该“接得住”且“管得好”。

在公司中构建以章程为核心的公司授权管理体系后，被授权人在行使权力的过程中必须全方位地依法、依规执行既定的程序和制度，严禁越权或未经授权开展相关工作，自觉筑牢底线意识，各忠其事，各行其道。

3.4.5 把握好危机管理中临时集权和临时授权的尺度

1. 视危机事件的特征而定

第一，依据事务的紧急度而定。处于危机或者紧急事态时，公司面临高度复杂、不确定的决策环境和执行环境，公司高层管理者必须把握好集权和授权的尺度。这种情况下，集权可以及时统一目标，从公司层面立足整体利益，尽量将损失最小化。这时如果采取授权有可能会产生一些问题，比如被授权人的能力或者被授权部门的资源是否胜任或者是否匹配当下需要解决问题的要求等，如果不胜任、不匹配则会延误应对时机，导致风险进一步加剧。

第二，依据事务的重要性而定。不是所有危机管理和危机应对都需要进行权力调整。管理者应当高度关注和重视那些关乎公司发展命运、会对公司整体计划执行和推进造成严重影响的事务。越是重要和关乎公司生存发展的事务，越需要公司高层慎重考量并积极进行集权或授权，以保障处理的及时性和正当性。

2. 视核心权力与非核心权力程度而定

核心权力通常关系到公司的整体控制权和发展。

当公司以核心权力集中为主时，管理者必须将对核心权力的掌握作为分配权力的基调。当面对多种复杂情况和问题，无法凭一己之力处理时，管理者在对权力保持掌控和能够及时收回的前提下，可以进行临时、适度的授权。

当公司以非核心权力授予为主时，管理者在把持核心权力的同时，要敢于积极地向下属授予非核心权力，提高公司应对危机的积极性、创造性和灵活性。

3. 视权力需求而定

首先，在危机管理中，管理者临时集权或临时授权的尺度应当视具体事务对权力资源需求的大小而定，需求越大，所要求的权限就越高。其次，危机会随着不确定的环境发生不同程度的变化。对变化迅速的危机，管理者应当果断集权或授权，以控制和稳定危机，进而予以消解。这样，可以及时、科学地决策并贯彻执行，从公司层面统筹全公司的资源和力量，对公司上下进行严格的统一指挥和调度，避免造成决策迟缓。

3.5 授权效果评价

授权分为结构授权和心理授权两种形式。前者是指基于组织结构和政策等工作环境，自上而下由授权人向被授权人分享或移转权力，或是减少一方对另一方的控制；后者强调被授权人内在的心理状况，即被授权人只有感受到自己是被授权的，才有可能在态度和行为上产生改变。

结构授权是在工作关系层面，体现了一方对另一方在控制与权力方面的相对关系，强调了公司中授权行为或情境，反映的是授权人的行为方式。而心理授权则是在激励层面，将授权看作一种内在激励，是被授权人对授权人行为的感知，强调被授权人的心理状态。因此，授权效果也需要基于这两种形式进行考察。

3.5.1 结构授权的效果评价

员工如果被授权，就必须能够获得与工作相关的必要的信息。当获得相关信息，得到必要的支持与充分的资源后，员工就会更有能力和信心去判断事情并进行决策。在公司中员工有机会晋升、成长和发展，有机会增加个人知识、技能，有机会参与公司各项决策的制定或者政务性会议等，那么被授权人对工作的满意度则有可能得到提升。此外，结构授权的效果还可以通过对员工在组织承诺、决策投入、管理信任度和工作压力等方面进行测试、评价。

3.5.2 心理授权的效果评价

心理授权可以增加被授权人的内在任务动机，使被授权人乐于主动解决问题，能够协助管理者规划并执行工作任务。心理授权水平的高低与管理的有效性及个体的工作满意度、组织承诺、创新行为、绩效等要素相关。因此，可以通过上述要素评价心理授权效果。

第4章
沟通管理

4.1 沟通方式的选择

沟通是人类传递信息与相互作用的行为方式，也是具有群体性特征的社会行为。沟通作为信息发送者与接收者共享信息的桥梁，是人们交换信息、谋求合作、交流谈判等必不可少的活动。沟通力的高低，对事业的成功和人际关系至关重要。良好的沟通力既能够增强职场竞争力，也有助于增强企业的核心竞争力。

沟通过程一般有六个要点。第一，信息发出者将信息，包括某些观点、事实传送出去。第二，信息发出者在不使信息失真的前提下，用言辞将其观点、事实来描述，或以行动、编码来表示。第三，通过固定的通道来传递信息。第四，信息发出者将信息符号通过通道传递给信息接收者。第五，信息接收者将获得的信息解码后，进一步将其转化为自己主观理解的意思。第六，信息接收者在采取行为进行反馈之前，必须先根据自己的理解对信息加以判断。

4.1.1 口头沟通

口头沟通是较为重要且常见的沟通方式,包括面对面的谈话、电话交流、口头汇报、讨论、会议报告等。口头沟通既是促进人际交往的重要手段，也是公司在商务沟通中不可或缺的能力。如果口头表达不够准确,则有可能出现信息偏差或者误会。因此,进行口头沟通时，表达要清晰、简洁，尽量避免出现容易产生歧义或者表意模糊的词语；同时，进行口头沟通时，表达要顺畅有序，这有助于完整地传递信息。

4.1.2 书面沟通

书面沟通是通过书面文字进行沟通的方式,包括邮件、便签、备忘录、公告等。良好、有效的书面沟通是行政办公、商务合作中的重要技能。书面沟通不但可以更加准确地表达信息，而且还可以被保存下来，方便查阅和审查。有效的书面沟通应具备清晰、简洁、完整、明确、有建设性、正确等特征。书面沟通作为行政办公、商务活动等主要的信息传播媒介，要以务实性为准则，以简单朴实的语言为主，是口语的书面化表达。书面沟通要言简意赅，应使用常用的、简单的词汇，要符合大众的说话习惯，以保证阅读者能够读懂且接受。同口头沟通一样，书面沟通也需要提供完整清晰的信息，要避免使用容易产生歧义的语言，并要注意文字表达的条理性和信息的简明扼要。书面沟通应该条理清晰、层次分明。

4.1.3. 非言语沟通

非言语沟通是人们在沟通交际中经常应用但不被人们注意的沟通表达方式，主要指不通过语言形式传递而是通过非语言文字符号传递信息，进行信息交流的一种沟通方式，比如通过身体语言、手势、面部表情、眼神、服饰等传递信息。这种沟通方式通常不需要语言或文字的支持，对于信息发出者和接收者都具有一定的价值和意义。

在公司中，非言语沟通通常包括四大类：形象语、副语言、体态语和环境语。形象语：主要是通过个人的相貌、穿着等表现出来。副语言：主要包括沉默、话语转接和各种非语义声音等。体态语：主要有面部表情和肢体动作。环境语：主要包括时间、空间距离、环境氛围等。

非言语沟通具有情境性、个性化、连续性和真实性等特点。首先，非言语沟通一般不能脱离当时的情境，情境不同，表达的意义也不同。其次，非言语沟通中，一个人的肢体动作、手势和表情等通常会体现当事人的个性特征。再次，只要在信息发出者和接收者的视线范围内，沟通方所有的动作、表情、举止、神态等都在传递着某种信息。最后，非言语信息是人们对外界刺激的下意识反应，有时能表露出一个人的真实意愿。

4.1.4 社交媒体沟通

随着移动互联网的普及和社交媒体的发展，现代公司会通过公司的微信公众号、公司的网站、微博、公司内刊、短视频平台等多种社交媒体传播信息。而在这些媒体中，公司通常会使用图像、声音、视频、动画等可以更加生动形象地表达信息的方式。

4.2 沟通渠道

沟通渠道就是信息在传递与交流时所经过的通道。在公司中，沟通渠道可以分为正式沟通渠道和非正式沟通渠道。正式沟通渠道是指在公司内，依据一定的原则进行信息传递与交流，比如召开会议、下达指令、布置任务、汇报工作等。非正式沟通渠道是指通过正式沟通渠道以外的形式进行信息交流、传递，以达成双方目的的一种沟通方式，比如员工私下交换意见、传播小道消息等。在公司中，正式沟通和非正式沟通这两种渠道往往同时存在，如图 4-1 所示，因此管理者应该有效地利用这两种渠道管理公司内部的沟通。

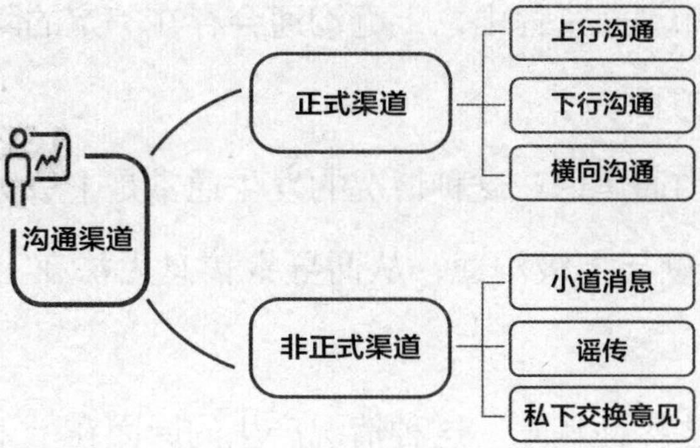

图 4-1 沟通渠道

4.2.1 上行沟通渠道

上行沟通是自下而上的沟通，是下级向上级进行的沟通（如图 4-2 所示），下级通过特定媒介，向上级报告工作情况，反映自己对工作的意见、建议和利益诉求等的过程或行为。上行沟通既是实现下情上传的重要方式，也是上级实时了解与掌握公司员工思想动态、工作情况的重要方式。

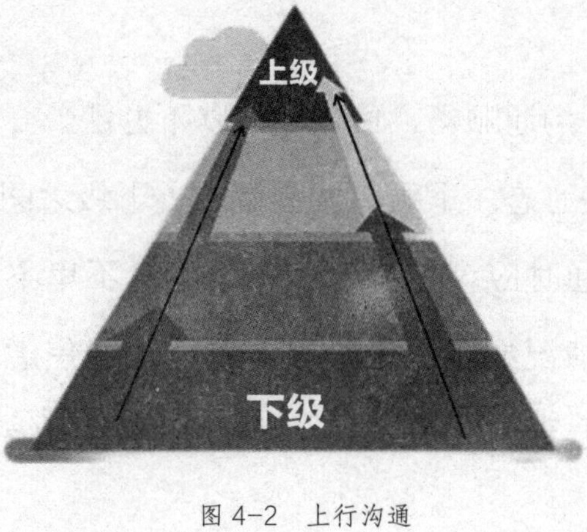

图 4-2 上行沟通

但在实际沟通过程中，上行沟通会存在一定的障碍，主要表现为以下几方面。

第一，沟通焦虑。这种情况的发生通常是下级对上级心存畏惧，没有胆量与上级沟通，从而导致信息无法在上下级之间顺利流通。

第二，选择性认知。这种情况产生的原因在于下级能力和经验不足、视野狭小、缺乏整体思维、无法全面地看问题，下级只依据自己的需要和经历等，有选择地向上级汇报相关信息。

第三，信息过滤。下级出于对自身利益的考虑，在向上级汇报时有时会故意隐瞒或歪曲部分关键信息，从而使上级无法及时掌握全面与真实的信息，进而无法做出正确的决策，特别是在危机事件中，信息过滤将会造成非常严重的后果。

第四，沟通冷漠。这种情况是指下级不主动向上级反映情况和汇报工作，在面对上级的询问时也保持沉默，对公司事务漠不关心。

想要使上行沟通顺畅，可以考虑以下办法。

第一，调整心态。下级需要明确，上下级之间只是工作分工不同，上行沟通时应该保持平和的心态，不卑不亢，客观理性地与上级汇报情况或者提出诉求。对于沟通焦虑这样的问题，可以进行克服心理障碍的疏导与训练，提升下级与上级沟通时的自信心。

第二，沟通前做好充分的准备工作。下级在与上级进行沟通前要做好充分的准备工作，如收集相关数据资料，弄清所要沟通内容的来龙去脉。如果下级能力不足，公司则应对其进行培训，以提高其专业素质，丰富其工作经验。

第三，端正认知。下级需要明确，沟通是以组织的利益为前提的，应围绕工作本身，开诚布公地沟通。只有让上级全面了解实情，上级才能精准地把握关键问题，解决具体的问题，只有这样才能保证沟通的效果。另外，如果在沟通中隐藏已经出现的问题，虽然可以暂时蒙蔽上级，但是问题没有得到解决，迟早会被发现的。如果到那时候再沟通，不但会收效甚微，还会引发上级的不满。而且，信息过滤者还需要承当相应的责任。

第四，积极反馈。反馈是下级与上级沟通中的一个重要环节，包括回答上级的询问、对上级的指示做出行动或反馈，对上级的话语给予适当的反应等。

4.2.2 下行沟通渠道

下行沟通是实现上情下达的有效途径（如图 4-3 所示）。在公司中，下行沟通的目的主要是：让下级了解公司内部的重大活动；向下级下达明确的工作目标；明确下级在公司里的职责和地位；鼓励下级能够各抒已见；等等。在下行沟通中，上级具有主动性、领导性，下级则具有被动性、从属性。

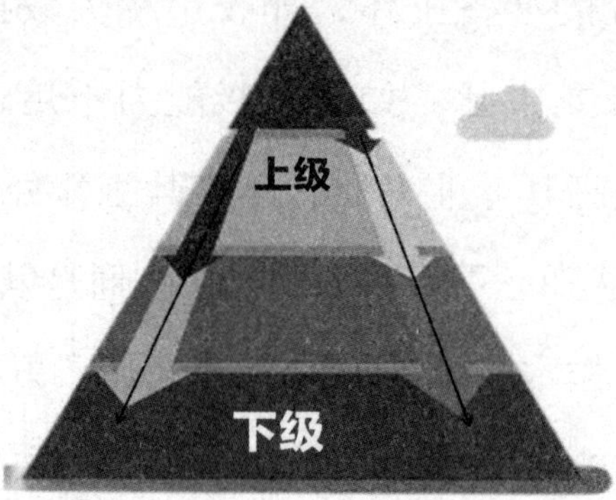

图 4-3　下行沟通

在实际沟通过程中，下行沟通也会存在一定的障碍。

第一，漏斗效应。这是一种沟通效率逐步下降，信息传递力度、程度逐渐衰减的现象，经过几个层级的传递，被最终接收者掌握且能付诸行动的信息较最初信息量会大幅减少（如图 4-4 所示）。在下行沟通的过程中，下一级可能只领会了上级 80% 的沟通内容，当信息逐层向下流动时会逐层降低传播效率，到最后一层级时仅能传达 20% 的内容，导致出现信息传播失误和失效的问题。

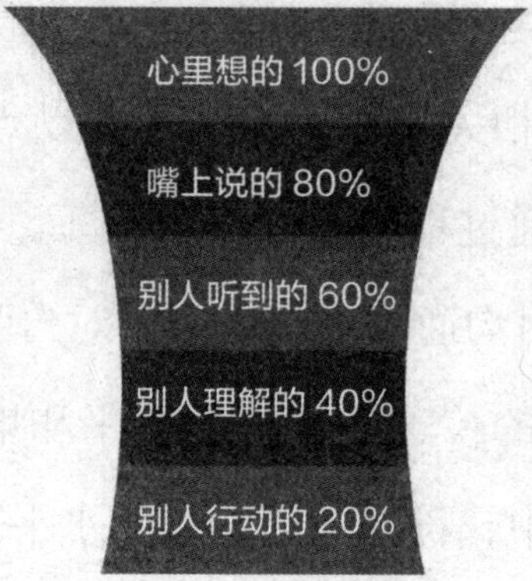

图 4-4　沟通漏斗效应

第二，情绪波动。下行沟通时，上级如果出现情绪波动，则会出现不能全面、清晰和明确地表达思想的情况，导致下级无法获取重要和关键的信息，从而产生信息不对称等问题。如果上级情绪不佳，就容易失去理性，丧失最起码的鉴别力与判断力。因此，公司管理者需要学会理智地控制情绪，不把个人情感、意志强加于公司之上。在面临纷繁复杂且紧张的情况时，能够做到镇定冷静，头脑清醒地完成既定目标。

为了避免下行沟通可能出现的障碍，可以采取以下措施。

第一，丰富沟通方式。上级要结合口头、文字、图表、数据等方式，将自己想要表达的内容呈现出来，使沟通方式更加丰富，且信息清晰明了。另外，上级也要与下级保持经常性的沟通，了解下级的需求和思想动态的变化，了解下级对信息掌握的程度。此外，在沟通时可以考虑选择最短沟通路径，加快沟通的速度，也就是如能直接跟受众对象面谈，就无须他人代为转达。在公司中可以设立相关途径，使员工可以点对点地对问题进行反馈，减少信息传递过程中的损耗和失真。

第二，适当学习沟通技巧。上级要对自身进行情绪管理，尽量减少警告或生硬的传达方式，相对平和地与下级进行沟通，咬字清晰，语速适中，符合下级的接受水平。

4.2.3 横向沟通渠道

横向沟通是指公司中同级之间进行的信息、思想、知识、情感等内容的传递。公司员工的横向沟通主要是对工作内容及存在问题等进行分析与探讨。通过横向沟通，员工之间可以相互交流经验、教训，分享信息，使个人工作能力与团队水平共同提升。但是，公司中会混杂来自内部或外部的各种消息，而这些消息在传递过程中有时由于掺杂员工的负面情绪，容易产生信息被曲解、扭曲或信息失真，从而破坏和谐稳定的工作环境，甚至导致公司整体士气涣散，影响公司发展。因此，当进行横向沟通时，应该营造良好的沟通氛围，以建设性沟通为原则，尽可能做到开诚布公，强调彼此的合作关系。当公司员工有共同的目标，则会向一致的方向努力，在一定程度上做到相互理解。当员工因为横向沟通不畅而产生消极情绪时，上级需要进行干预和疏导，引导员工树立正确的沟通观念。

4.2.4 非正式沟通渠道

公司中的非正式沟通渠道是围绕公司员工间的社会关系而建立起来的，该渠道不受公司监督，主要以口头沟通为主。比如员工间私下交换对某件事或者某个人的看法、同事聚会、传播小道消息等都属于非正式沟通。通过非正式沟通渠道，员工更容易表露出个人的真实想法和意愿，或发泄个人情绪。

在非正式沟通中，上下级之间的交流不是建立在行政等级关系上，而是建立在朋友关系的基础上，所以更有利于营造融洽的气氛，加深彼此之间的理解，在一定程度上有利于工作的开展。但是在非正式沟通中，由于传播过程中可能出现添油加醋的情况，所以容易出现歪曲事实、产生不实的信息，甚至造成谣言传播的情况。这样会造成公司员工人心涣散、工作效率低下，严重时甚至会扰乱公司秩序，影响公司的发展。

非正式沟通是组织的必然产物，因此公司管理者应该正视它的存在，因势利导，发挥其积极作用，使其为公司服务。例如，当公司准备做出涉及员工切身利益的决定时，可以事先通过非正式渠道将消息传递出去，在观察员工反应的同时收集相关信息，将其作为制定最终决定的依据。这样一来，在一定程度上还体现出员工参与了公司有关规定的制定。

但是，当公司出现谣言传播的情况时，公司管理者要第一时间做出反应。首先，排查谣传的起因；其次，管理者要及时用事实驳斥谣传，依法应当公开的，就坚决公开事实材料，时刻关注舆情，并予以正向的引导；最后，公司管理者应该在组织内部建立完整通畅的沟通渠道，并不断加以完善，给员工更多的发声空间和机会，这样才有可能降低非正式沟通造成的负面影响。

4.3 引导员工交流沟通

4.3.1 构建开放沟通的企业文化

开放沟通、平等交流的企业文化是公司内部信息畅通的基本保障。首先，公司管理者要具备开放的思想意识，充分尊重员工，树立人格平等的思想意识，能够广泛听取员工的意见与想法，并鼓励员工对公司发展建言献策。公司可以将员工横向沟通列入管理机制，要求各部门定期开展交流会议，并向上传递员工的意见与建议。对重要的信息与意见，管理者要充分重视并认真采纳，对于员工提出的问题要做好具体的调查工作，并积极地处理、解决。公司中还应该创建多种沟通渠道，比如部门会议、员工座谈会、集体活动、微信聊天群、部门论坛、电子留言板等，确保员工可以抛开等级观念的束缚，没有心理压力，积极主动地参与沟通。

4.3.2 开展沟通技巧培训

公司要让员工意识到沟通的重要性，并指导员工掌握正确的沟通方法和沟通技巧。

公司的培训可以帮助员工解决在沟通方面存在的心理障碍。首先要让员工明确地认识到，每一个岗位都有相关的责任，都有汇报的对象和汇报内容框架，员工需要充分掌握所在岗位的相关信息和数据，这样，在汇报时才能有条不紊，沉着冷静。其次，需要让员工知道工作不分贵贱，在沟通时要保持平和的心态，在上行沟通中不卑不亢，客观理性。最后，员工需要提前了解上行沟通对象的沟通习惯，提高沟通效率。

公司要让员工认识到沟通的场合也会影响沟通的效果。上下级进行沟通时，需要根据沟通内容选择适合的场所。当上级管理者需要向下级了解公事、听取下级对工作的看法或者建议时，最好选择在上级的办公室或者小型会议室等公司内正式场所；当上级与多人沟通时可以安排在会议室统一进行。当上级和下级在公司非正式场所，如电梯内、楼梯间、停车场、食堂等处遇见时，沟通的内容应为轻松的、积极的话题。

公司还要让员工认识到沟通形式的重要性，尤其是针对上行沟通，要了解并明确哪些情况需要写请示，哪些情况需要写函件，哪些情况必须做汇报，哪些情况要写说明等。同时还需要确认沟通内容的合理性，这样有助于提高沟通效率。

4.4 跨部门沟通

在横向沟通中，除了部门内部的横向沟通外，还包括跨部门、跨区域、跨业务的横向沟通。部门间的沟通是否顺畅、合作是否密切，直接影响着公司的运营效率。

4.4.1 跨部门沟通的障碍

1. 不同部门对结果的预期不同

公司中的不同部门，对事情的认知是存在差异的，因此，对于事情的预期或者结果也有不同的看法。比如，财务部希望人力资源部能帮他们招聘一位工作能力强的财务人员，但是对于人力资源部的员工来说，“工作能力强”的标准是什么？什么样的候选人才算是符合财务部的要求呢？因此，对于财务部而言，一定要具体而明确地说明部门需要招聘的岗位需求、招聘条件等信息，这样才可以避免发生人力资源部招聘来的人员不合适，影响工作正常开展的情况。

2. 被动等待信息

你也许对下述情境并不陌生。某个人一边重重地拍着大腿，一边懊悔地对另外一个人说：“怎么不早说呢？早点儿说出来也不至于此！”再如，技术部门的某个员工处理一个问题，事前没有主动联系与这个问题相关的其他部门的人员，没有进行相关问询，任由问题扩大，直至无法自行解决时，才跑到领导面前寻求帮助。看到这样的情景，你可能会说，虽然技术部门没有联系相关的部门，但相关的部门为什么不主动去问呢？跨部门沟通确实会出现类似的问题，因此，在工作中，需互相配合的部门间应随时保持联系，主动了解对方部门的工作进度，不要被动等待信息，而是要主动且持续地沟通，预防问题的发生。

3. 多方工作任务冲突

每个部门都有自己既定的工作任务和时间安排，每一位员工也同样。因此，当与其他部门的工作发生交集，需要协作完成时，相关员工的精力还是会更多地用于本部门的工作。这时，共事的两个部门的领导应当扮演协调者的角色，共同商议，确定如何适当地分配员工及有关资源。

4. 部门内部上情下达受阻

出现跨部门沟通不畅的情况，是因为部门内部出现了沟通受阻的问题。有时，是部门管理层之间商谈好的事情，但双方的员工却完全不知情，员工还在为该如何解决问题反复沟通，浪费了许多时间；有时，是双方员工协调好了事情，但没有向管理层汇报，“先斩后奏”了，待管理层知道后，可能还有需要调整之处。

4.4.2 跨部门沟通的策略

1. 整合公司各部门的工作目标

公司在实际运营中，由于各部门职责分工不同，各部门之间难免产生利益冲突，或出现工作脱节的现象，导致公司整体运营效率低下。因此，需要整合各部门的工作目标，形成统一的公司目标和愿景。在各部门分工的基础上，把协同工作效果纳入公司绩效考核指标中，通过奖惩机制，实现既定目标。

2. 换位思考

在多个部门协同合作的项目中，需要双方互相理解和换位思考。试着站在对方的立场，用对方的语言和观点思考：“这么做，会有哪些好的效果？”“如果我遇到这样的事情，我也会那样处理吗？”这样，就可以在一定程度上减少误解或者降低沟通成本。

3. 部门间互通有无

部门间要强调彼此的合作关系，经常进行建设性的沟通。此外，跨部门沟通时一定要注意彼此行政职务的对等关系。

4. 确保部门内部沟通无碍

当就某个项目或者某项方案完成跨部门沟通后，务必要在自己部门内向所有涉及此项目或者方案的人员清楚地传达最新进度与信息，确保所有相关人员知晓情况，且所有信息传达无误。

4.5 如何反馈

反馈是沟通中的一个重要环节，在沟通后及时反馈，可以使沟通双方的信息对称，避免浪费时间和精力，提高工作效率。反馈是对沟通中的话语、命令、决定等做出相应的回应。

4.5.1 反馈的四种情况

反馈可以分为以下四种情况。

第一，正面反馈，即认可和赞同对方的观点。第二，建设性反馈，指不完全赞同对方的观点，在肯定正确部分的同时，对不认同的部分提出意见或建议。第三，负面反馈，指以情绪化的方式直接表现出不认可、不赞同、不满意对方的观点等表现。

第四，无反馈，既不赞同也不反对，对所有的观点不表现出任何反应。在公司沟通中，负面反馈和无反馈都不利于良好关系的维系，也不利于工作的推进，所以建议多使用正面反馈和建设性反馈。

4.5.2 下级对上级的反馈

下级与上级沟通时，应对上级的言语做出积极有效的反馈。首先，在沟通中，要保证专注度。不能只是单纯地听，而是要听懂、听全信息。不仅要听，还要注视上级。其次，下级虽然不能随意打断上级的谈话，但是可以通过肢体语言表现出“我在专心听”的状态，比如适当地与上级进行目光接触，在记事本上记录上级的谈话内容，或者不时地点头以表示对上级说的内容表示认同或者赞同等。再次，在允许的情况下，向上级提问，促进深入沟通。

4.5.3 上级对下级的反馈

上级与下级沟通时，上级要采取积极主动的态度寻求并给予对方及时的信息反馈。反馈时需要保持稳定的情绪，尊重对方，这样才能获得对方的信任。在进行反馈时，可以先从下级可以预见到的话题开始，或者询问下级的工作、生活近况等。这样既能够缓解下级的紧张感，又可以让下级感到亲切。当指出下级存在的问题或者需要对其提出建议时，需要客观地、不掺杂主观感情地陈述事实。对下级进行反馈时，上级可以使用定量的数据，明确指出下级目前的工作情况与目标之间的差距，让下级意识到问题所在。比如，当与绩效排名靠后的员工沟通时，上级不能用“绩效差”或者“表现差”等话术，而是应该说“本次绩效考核，你的排名处于公司后 10% 的位置”或者“这个月 20 天的工作日，你有 3 天上班迟到了 1 个小时”等，然后双方制订出新的规划和目标，并达成共识。

4.6 有效倾听

倾听是重要的沟通手段之一，既是个体获取信息、感知事物的基本途径，也是表达重视和尊重他人的态度，以及使他人受到重视和尊重的过程。倾听会对人们的工作和生活产生至关重要的影响。从心理学的角度来看，倾听是人将感官、智力、感情等因素综合起来，理解语言背后的含义，并体会所蕴含的情绪或情感的过程。因此，倾听不仅包括用耳朵感知声音，还包括用心体会情感。

4.6.1 了解倾听能力

目前对倾听能力进行测试，使用的是“霍德盖茨倾听能力自评量表”（见表4-1），该量表有14个条目，采用李克特（Likert）7级评分法，从“总是”到“绝不”，分别计1～7分。总分低于60分表示倾听能力较差，60～69分表示倾听能力一般，70～79分表示倾听能力较好，80～89分表示倾听能力很好，90分及以上表示倾听能力优秀。

表4-1 霍德盖茨倾听能力自评量表

问题 \ 打分	1	2	3	4	5	6	7
1. 你是让讲话者充分表达思想而不打断他们吗？							
2. 当讲话者的观点不同于你自己的观点时，你会变得非常激动或不安吗？							
3. 你听别人讲话时，能防止分心吗？							
4. 你对别人说的每一件事都持续做笔记吗？							
5. 你能体会出字里行间的言外之意、能听出讲话者的弦外之音吗？							
6. 当你对讲话者或话题感到厌烦时，你是否就不听而去想别的事情？							
7. 你能够静静地坐等讲话者理清思路，然后再继续跟着他的话题吗？							
8. 当你倾听时，是否想把讲话者正在讲的、已经讲的和将要讲的话综合在一起？							
9. 当你倾听时，你会注意讲话者的动作语言并利用它们来解释讲话者传递的信息吗？							
10. 如果你不同意讲话者的观点，你会马上摇头给出反馈吗？							

（续表）

问题 打分	1	2	3	4	5	6	7
11. 倾听的时候你总是有肢体活动，比如改变姿势、交叉腿或胳膊、前后挪动椅子吗？							
12. 倾听时，你是一直看着讲话者的眼睛，并在整个谈话过程中保持直接的目光接触吗？							
13. 别人讲完话后，你是否直接提出问题以进一步梳理或充实讲话的内容？							
14. 如果讲话者反驳过你，你是否会在他把事情基本讲清之前就反对他呢？							

4.6.2 如何倾听

当了解了自己或他人的倾听能力，那么就可以尝试学习和练习倾听技巧，让自己成为更好的倾听者。

首先，倾听时要专心致志。倾听时将身体微微前倾，目光平视对方，不打断对方，不做过多的肢体动作。其次，倾听时要有耐心。当对方表达不流畅、不清晰时，要耐心地听完对方表达的内容后再发表自己的看法。最后，倾听时需要肯定对方。倾听者需要带着欣赏的目光与沟通者交流，在倾听的过程中，用微笑、点头等肢体语言向对方表示肯定或赞赏。

第5章

激励管理

5.1 激励理论

公司的经营目标无疑是实现利润最大化，想要实现此目标需要依靠先进的技术、高生产率、低成本等因素共同作用。而这些都离不开公司员工的高绩效产出。员工的工作满意度高，才会更加主动和愉快地工作。那么如何提高员工的工作满意度呢？激励无疑是一个好办法。

激励有助于营造良好的竞争环境；有助于发掘员工潜力、促进员工个人发展；有助于吸引并留住更多优秀的人才；有助于提高组织绩效，令组织可持续发展。

5.1.1 内容型激励理论

1. **马斯洛需求层次理论**

著名心理学家亚伯拉罕·马斯洛（Abraham H. Maslow）是人本主义心理学的开创者。1943年，他发表论文《人类动机理论》，首次提出了需求层次理论。该理论有两个基本前提：一是动机能引起人类的行为，而动机源自人类的需求；二是人的需求是以层次的形式出现的。马斯洛需求层次理论将人的需求从低到高分为 5 种类型：生理需求、安全需求、社交需求、尊重需求、自我实现需求。该理论认为人的这 5 种需求是层级递进的，只有在低层次的需求被满足后，人们才会追求更高一层次的需求。生理需求是人类最基本的需求，主要包括对衣服、食物和水的需求。如果人们的生理需求已经得到基本满足，随之就会产生对安全的需求。这一需求主要来源于对稳步发展和安定的社会的需求。

当前面两项基本需求得到满足后，社交需求就会变强，激励就会发挥作用。人是社会性动物，希望自己的能力和成就得到认可、尊重、信赖和好评。尊重的需求，一方面表现在人们需要别人重视自己，有被认可、被肯定以及获得一定的地位等需求；另一方面表现在自尊和被别人尊重的需求，比如胜任工作、独立自信、获得他人的较高评价与赏识等。马斯洛需求层次理论的顶部是自我实现需求，是指实现个人理想、发挥个人最大限度的潜能，完成与自己的能力相称的一切事情的需求。

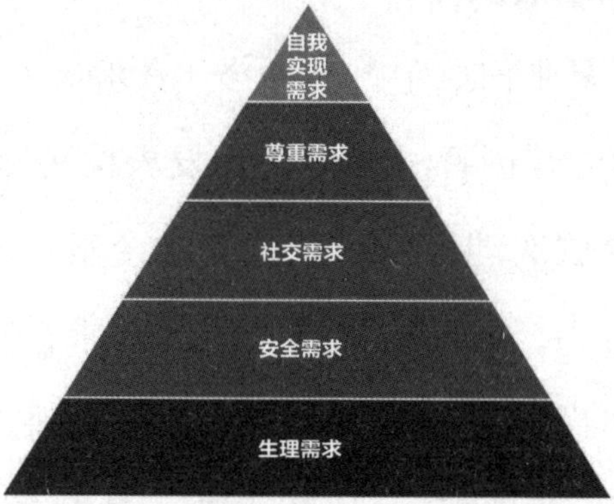

图 5-1 马斯洛需求层次理论

公司中有不同层级的员工，他们的需求的侧重点也会有所区别，因此，公司管理者需要了解他们的不同需求。

（1）基层员工

公司基层员工的薪酬水平相对较低、流动较频繁，他们最关心的是工资，部分员工对工作缺乏安全感，其生理需求和安全需求处于一个较高的水平。对于基层员工而言，在满足日常生活的基础上也有社交需求和自我实现需求，但是在该阶段占比较小。

（2）中基层管理者

当员工晋升为管理层，工资水平和社会地位也得到相应的提高，生理需求和安全需求基本可以通过薪酬和相对稳定的职位得以满足。中基层管理者的工作是公司日常程序化的事务，他们希望通过工作证明自己的实力，并在一定程度上得到公司高层管理者和其他员工的认可和肯定，进而得到进一步晋升和发展，自我实现需求占比相对较少。公司中基层管理者的主要需求是安全需求、社交需求和尊重需求。

（3）高层管理者

高层管理者是公司运营管理的核心，薪酬水平高、能力强，有助于推动公司实现高绩效。他们的生理需求和安全需求已经得到较大满足，有相对稳定的社会关系网络，渴望获得更多的认可和尊重。高层管理者更加追求突破自我、充分发挥自身潜能、实现自我价值。因此高级管理者主要的需求是尊重需求和自我实现需求。

对于不同层次的需求，公司的激励目标和采取的措施也各有侧重，见表 5-1。

表 5-1　需求层次与相应的管理措施

需求层次	激励目标	采取的措施
生理需求	工资	薪酬管理、社会保险
安全需求	工作的安全感、良好的工作环境	合同管理
社交需求	公司中的人际关系	企业文化建设、领导方式
尊重需求	个人地位、个人成就、获得荣誉	培训、绩效考核、晋升

（续表）

需求层次	激励目标	采取的措施
自我实现需求	责任、理想	员工参与公司治理及参与制定职业发展规划

2. 双因素论

弗雷德里克·赫茨伯格（Frederick Herzberg）发展了一套动机理论和工作满意理论，被称为双因素理论或“激励—保健理论”（图5-2）。与马斯洛需求层次理论不同的是，双因素理论认为员工对工作满意和不满意取决于不同的因素：满意取决于激励因素，不满意取决于保健因素。

激励因素是能够使员工产生积极的态度，对工作感到满意，并对员工产生激励作用的因素，例如，在组织中获得的成就、赞赏、成长、进步、责任、工作本身等因素。如果这些因素存在，则会产生很强的激励作用。保健因素主要包括公司政策、管理方法、工资、工作环境、个人地位、工作安全感、人际关系等。保健因素是基本要素，如果这些因素没有达到员工认为可以接受的水平，员工就会出现对工作的不满情绪，从而导致积极性低下。当员工认为与工作相关的因素令人满意时，这种不满情绪就会减少或者消除，但这些因素没有激励人的作用。比如，按时发工资是员工的基本需求，但是按时发工资并不能保证员工保持高效工作的积极性。而激励因素与工作本身正相关，使工作本身有意义、有价值，更能调动员工的积极性。因此，管理者应该运用诸如工作轮换、工作丰富化、授权等方法提高员工在工作中的价值感和成就感，增加员工对工作的积极性，进而对自己的工作感到满意。

满意——————————没有满意

激励因素

不满意——————————没有不满意

保健因素

图 5-2　赫茨伯格双因素理论（激励—保健理论）

3. **成就需要理论**

成就需要理论是 20 世纪 50 年代由戴维·麦克利兰（David C. McClelland）及其合作者提出。该理论提出人主要关注 3 种需要：成就需要、权力需要和亲和需要（如图 5-3 所示）。

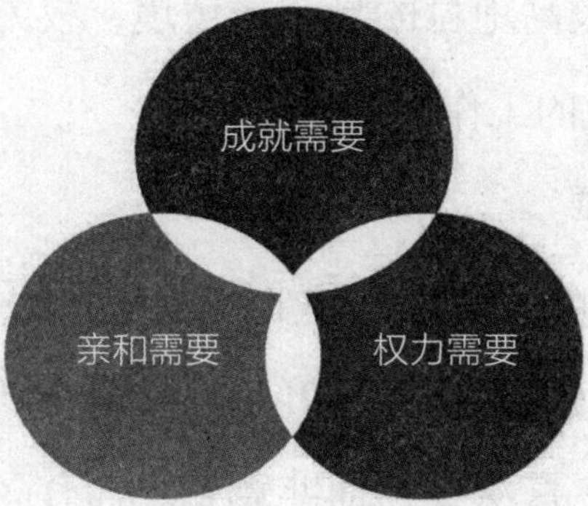

图 5-3　成就需要理论

（1）成就需要

成就需要是个人自身争取获得成功、追求卓越的需要，是个人实现理想抱负、最大限度地发挥自己才能的需要。在成就需要的驱使下，人们力求做到最好，会给自己设定具有挑战性的目标，以激发内在的驱动力、潜能和主观能动性，从奋斗中获得成就感和满足感，体验成功的喜悦。麦克利兰提出，在为员工设定目标时，应将难度设置为中等左右，难度太高的目标难以达成，会损伤员工的积极性；难度太低的目标容易达成，但激励作用不明显。

（2）权力需要

权力需要是对他人产生影响和控制，且不被他人影响或控制的需要。拥有高权力需要的人在工作中表现为稳重、果断和具有较强的决策力，注重个人影响力和主导地位。他们喜欢具有竞争性及能体现较高地位的场合或情境，权力需要使得他们努力工作，追求出色的工作成绩。

（3）亲和需要

亲和需要是与他人建立友善平和的人际关系，希望被他人接纳和喜爱，渴望与他人进行良好、顺畅的沟通的需要。高亲和需要者渴望亲和，喜欢合作而非竞争。拥有高亲和需要的个人希望能够在融洽、自由、合作、积极的环境中工作、学习和生活。

每个个体对于成就需要、权力需要和亲和需要这 3 种需要所追求的比例因所处情境不同而有所差异。因此，公司管理者需要结合不同的环境和情境，激发员工的不同需求，通过激励，促使员工在获得个人成就感的同时，为公司发展做贡献。

5.1.2 过程型激励理论

1. 期望理论

心理学家维克托·弗鲁姆（Victor H. Vroom）在 1964 年提出了期望理论（如图 5-4 所示）。该理论主要研究人们需求或动机的强弱和人们实现需求或动机的信心强弱对行为选择的影响。

激 励 = 期望值 × 效 价

图 5-4 期望理论

期望理论的公式为：$M=E\times V$。其中，M 代表激励力，表示个人所感受到的激励程度；E 代表期望值，表示个人通过特定的行为活动达到预期成果或目标的可能性和把握；V 代表效价，表示达到的目标对于满足个人需要的价值。

期望理论可以证明，员工一旦意识到努力工作可以带来所期望的结果，就会努力工作。在公司中，如果员工通过个人努力实现了一定的绩效目标，那么公司应给予一定的物质层面或精神层面的奖励。不同的员工对奖励的需求不同，因此要结合个人实际情况采取针对性的奖励，以最大限度地激发员工的个人潜能。

2. **公平理论**

公平理论认为人们会对自己的付出与收获进行比较，同时将自己与他人进行比较，通过比较，得出是否公平的结论。例如，员工小王在年底获得的奖励充足且满足了他的工作、生活需求，但是某一天他发现和他同岗且工作任务相同的同事小张得到的奖励比他高，那么小王就会感到不公平，他的工作积极性和主观能动性就会受到影响。因此，创造一个公平竞争的工作环境，对员工一视同仁，让员工在工作中感受到薪酬、奖励、荣誉和晋升等方面受到公平的对待，是公平理论的重要体现。

5.1.3 行为后果理论

1. **强化理论**

著名心理学家斯金纳（B. F. Skinner）提出的强化理论认为，公司可以对员工采取正强化或负强化行为，以引导员工采取符合要求的行为。在这一理论中，强化就是通过事件或物体使行为的频率得到增加或使行为产生改变。能够增加个体行为的频率，或使个体行为发生改变的事件或者物体叫作强化物。

正强化又称积极强化，比如员工绩效好，就会得到加薪；员工按时出勤，在月底就可以拿到满勤奖等。负强化又称消极强化，比如，公司采用罚款制度来惩罚员工迟到早退的行为，这样员工就会按时出勤，避免被罚款的后果。

斯金纳还把强化分为连续强化和间隔式强化两种。连续强化是指每次都对所产生的行为给予强化。这种强化方式最容易塑造良好行为，一旦取消强化，行为也最容易消退。间隔式强化是指仅仅对行为者的部分行为进行强化。根据时间或比率的不同，间隔式强化又分固定间时强化、变动间时强化、固定比率强化和变动比率强化 4 种。固定间时强化是指无论行为本身如何，定期进行强化，比如员工每个月固定领取工资。变动间时强化是指不按期进行强化，比如不定期抽查员工的工作笔记，如果笔记完成质量好则给予奖赏。固定比率强化是指按照一定的比率进行强化，比如业务员推销出去既定数量的商品时才能获得奖金。

2. 归因理论

由社会心理学家海德（F. Heider）提出的归因理论指出，人表现出不同行为的原因可以分为内部原因和外部原因两类。内部原因（也称个人归因）是指存在于行动者个体方面的因素，如动机、能力、态度、努力程度等；外部原因（也称环境归因）

是指存在于行动者自身之外的外部环境因素，如奖惩、运气、任务条件、机遇等。各类归因对不同员工的积极性有不同的影响，公司可以根据这些归因对个体员工的不同影响程度选择或设计不同的激励方式，从而使激励计划更具个性化并实现作用最大化。

5.1.4 综合激励理论

行为学家莱曼·波特（Lyman Porter）和爱德华·劳勒（Edward E. Lawler）在1968年提出了建立在目标设定理论、期望理论等多种管理理论基础之上的综合型激励理论。在该理论中，激励过程被认为是行为表现和结果以及外部刺激等相统一的过程，满足是个人实现某种预期目标时所体验到的满意的感觉，满足要建立在绩效的基础上，而绩效是奖励的前提，绩效和奖励给人们带来的满足程度，会对激励价值产生影响。如果个人发现其奖励和业绩不存在关联或者关联程度比较低，则奖励无法发挥其应有的作用。如果激励与期望相等或高于期望，个体则会获得满足感，但是如果二者之间的联系减弱，个体则会丧失信心。

5.2 物质激励

物质激励是通过对物质利益关系进行调节，从而激发人们向上的动机和行为，其出发点是为了满足人们的物质需要。物质激励包括奖金、奖品、薪酬提升等形式。物质需求是员工生活和工作的基本保障，丰富的物质激励能够提升员工的积极性，促进员工努力工作。

5.3 精神激励

精神激励即内在激励，是指精神方面的无形激励，主要包括荣誉表彰、职务晋升和人文关怀等精神方面的激励形式，达到激发员工的工作成就感和荣誉感，减轻员工的工作和生活压力，实现员工和公司的共同进步的效果。

5.3.1 榜样激励法

榜样激励法是指选择工作业绩突出、表现优秀的个人或集体作为标杆，对其加以肯定和表扬，如评选劳动模范、生产标兵、技术能手等，号召大家向其模仿和学习，激发全体员工积极性的方法。榜样激励可以起到示范作用，引导员工积极工作。

5.3.2 目标激励法

目标激励法是指公司根据自身发展情况设定切实可行的发展目标，启发和引导员工的动机和行为，通过对员工工作任务的细化、量化和考核奖励，提高员工的工作积极性。公司的发展目标和员工个人的发展目标越契合，目标激励法就越能激励员工全情投入工作。这样，不仅有助于实现员工的个人理想，还能在一定程度上提高公司的发展效益和竞争力。

5.3.3 信任激励法

信任激励法是公司上下建立起相互理解、信任、合作的工作关系，有助于团队精神和凝聚力的形成。例如，在工作中构建良好的信任关系，给予员工或团队一定的自主权和决策权，为员工提供更多成长和发展的机会和空间。

5.3.4 企业文化激励法

企业文化是企业在生产经营和管理活动中所创造的，具有自身特色的精神财富和物质形态。它包括企业文化观念、价值观念、企业精神、道德规范、行为准则、企业传统、企业制度等。公司可以在墙壁上、楼梯间等张贴公司标识，展现和企业文化有关的语录、宣传标语等，让员工时刻受其熏陶和感染，内化于心。同时通过公司员工的精神面貌、工作言行等将企业文化外化于行。

5.3.5 荣誉激励法

荣誉激励法是公司管理者对员工给予当众表扬、肯定、赞许，或授予荣誉称号等激励方法。在公司中可以设置荣誉墙，可以为有专长的员工颁发内部证书或聘书，还可以以员工的名字命名某项工艺、某个团队、某项业务流程、工作室等。这样可以激发员工的自我成就感，满足尊重需求和自我实现的需求。

表 5-2 为物质激励和精神激励的对比。

表 5-2　物质激励和精神激励的对比

	物质激励	精神激励
激励措施	涨工资，发奖金、分红，持股，为员工购买保险等	荣誉、工作挑战、晋升、带薪休假等
激励方向	自下而上	自上而下
激励手段	物质手段	非物质手段
需求层次	生理需求和安全需求	社交需求、尊重需求和自我实现需求
侧重点	通过增加报酬提高员工的工作积极性	提升员工荣誉感、满意度、忠诚度、成就感
效果	时效短	时效长

5.4 正负激励

正激励和负激励作为两种相辅相成的激励类型，它们分别从不同的侧面对人的行为产生强化作用。

正激励是主动性的激励，员工的行为符合或者达到公司期望的目标时，公司对员工实施奖励，满足员工的需要，激发员工的工作动机，提高员工的工作积极性。

负激励是被动性的激励，当员工的行为不符合或者没有达到公司期望的目标时，公司对员工给予惩罚或批评，从而抑制类似行为的发生。负激励是控制员工行为的一条“警戒线”。员工做出违背公司日常行为准则或管理制度的行为时，必然要受到一定的惩罚。通过负激励，员工自觉或不自觉地接受约束，无形之中使公司的管理行为产生持续的良性循环效应。负激励通过对违规者的惩罚，在公司内部起到警示和抑制错误行为的作用，使员工为了避免被批评或处罚而自觉地调整自己的行为，朝着有利于组织目标实现的方向行动，进而达到管理者的预期目标。负激励可以矫正错误行为，教育犯错误的员工。公司在处理有过错的员工时，通过惩罚与教育并举的措施，促进激励对象反省，从而自觉调整其行为。但是，负激励也有可能对员工造成不安定感、人际关系紧张，甚至可能破坏公司的凝聚力。因此，实施负激励时要注意把握力度和尺度。

总之，正负激励法是为了让员工处于适度紧张、有适度压力的工作环境中，使员工感受到在工作中既可能获得一定的满足，又可能面临着失去满足的风险，使员工变压力为动力，激发员工的内在潜力。

5.5 自我激励

自我激励指的是不需要外界的惩罚或奖励作为激励手段，而是通过自身努力，并加以积极的自我心理暗示，使自己的思想处于积极、兴奋的状态，勇于直面问题，积极地寻求解决问题的方法和途径，以实现可以接受且较为满意的效果或目标。

5.5.1 基层员工的自我激励

公司管理本身是一个复杂的活动，员工的性格、心理需求、爱好等各不相同，因此激励办法和激励效果也千差万别。公司管理者可以将激励的主动权下放，帮助员工发现自己的需求并进行有效的评估，培养员工的自我激励意识和自我激励能力。

公司可建立激励平台，将员工视为公司的合作伙伴，当员工被授权时，只要不超过规定的界限，可以灵活自主地处理自己业务范围内的事情。这样，员工的责任感就会被激发出来，也会在工作中不断提高自己，激励自己完成任务并取得更好的绩效。

5.5.2 管理者的自我激励

1. 中层管理者的自我激励

中层管理者在环境的制约下，或职业发展处于困境时，抑或是在接受有挑战性的工作后，心理可能会出现异常波动。为了顺利地渡过困难期，或为了实现自我挑战，中层管理者可以采取自我心理干预、情感调适、平衡心态、心理暗示等方法进行自我激励。

中层管理者在公司中起到承上启下的作用，压力较大，有时各种矛盾叠加，非常消耗精力。因此，中层管理者非常需要通过自我激励调和矛盾、缓解压力，完成岗位任务。公司中大多中层管理者都有自己明确的奋斗目标和职业发展规划，需要时常进行自我激励。中层管理者需要做到具体问题具体分析，采取不同的自我激励措施。如果在工作中，出现情绪低落或者拖延现象，需要通过责任激励、使命激励、价值激励让自己振作起来。如果在工作中有浮躁、急躁、暴躁现象的，则需要通过调整心态，放缓节奏，使自己平静下来。因此，中层管理者要定期对工作进行分析和总结，根据实际情况，动态调整工作节奏和心态。

2. 高层管理者的自我激励

根据马斯洛需求层次理论，高层管理者的主导需求是自我实现需求，这也是自我激励的主要考虑因素。如果高层管理者的目标和公司的目标相契合，这将对高层管理者产生极大的激励作用。高层管理者可以以实现公司使命为自我激励之源，增强责任感，使工作热情高昂，工作动力强劲、持久，努力满足自我实现需求。

第 6 章

薪酬管理

6.1 薪酬结构设计

6.1.1 薪酬结构设计的原则

薪酬结构是指在同一个组织内部，一共有多少个基本薪酬等级以及相邻的两个薪酬等级之间薪酬水平的差距。它反映了一个组织内职位或者技能等级的数量、不同职位或技能等级之间的薪酬差距，以及用来确定差距的标准是什么。在设计薪酬结构时应遵循以下 3 个原则。

1. 合法性原则

公司在进行薪酬结构设计时，一定要严格遵守国家现行的法律法规。国家在劳动保障方面具有强制性的政策，比如公司需要为在职的员工缴纳社会保险（养老保险、医疗保险、工伤保险、生育保险、失业保险）。每一个行业有不同的最低工资标准，公司要严格执行，比如，员工加班，公司要为其支付相应的加班费。

2. **激励性原则**

公司如果想要吸引并且留住人才，对员工实施激励机制是非常必要的，其中薪酬激励是不可缺少的。如果一名员工业绩优秀，或者在某一阶段取得了非常突出的工作成果，那么则应该对其进行适当的薪酬奖励，这样可以有效地调动员工的工作积极性和工作热情。

公司在进行薪酬结构设计时，一方面要考虑公司所处的运营阶段，另一方面还要考虑员工的职位层级。当公司处于成长期，知名度比较小，为了进入并打开市场，需要投入较多的资金以及技术支持，所以公司的利润相对较低，甚至可能会亏损。因此，在这一阶段，公司的薪酬水平可能相对较低。当公司处于成熟期，建立了一定的知名度，并且有良好的声誉，处于经营趋于稳定、利润可观时期，则会支付相对高水平的薪酬。在公司所处的不同时期，公司也会根据员工的职位设计不同的薪酬结构。例如，在设计薪酬结构时，对于职位较低的员工要尽量将薪酬的需求保障作为激励的手段。

3. 竞争性和公平性原则

公司在设计薪酬结构时，要了解竞争对手的薪酬水平，要与竞争对手进行薪酬水平比较，既可以低于竞争对手的薪酬水平，也可以高于竞争对手的薪酬水平，还可以与竞争对手的薪酬水平持平。

薪酬水平的制定要根据本公司在市场中所处的位置以及综合竞争力来决定。如果只是想跟随市场，那么就可以设置比竞争对手低或者持平的薪酬水平；如果想领先于市场，体现公司的竞争优势，那么就要设置比竞争对手高的薪酬水平。

薪酬公平主要体现在员工的付出与回报是成正比的，员工对自身薪酬水平感到公平并比较满意这方面。

6.1.2 宽带型薪酬结构设计

宽带型薪酬结构也称薪酬宽带，是指对多个薪酬等级以及薪酬变动范围进行组合，使之变成少数的薪酬等级以及相应较宽的薪酬变动范围。从传统薪酬等级到宽带薪酬示例如图 6-1 所示；薪酬宽带示意图如图 6-2 所示。

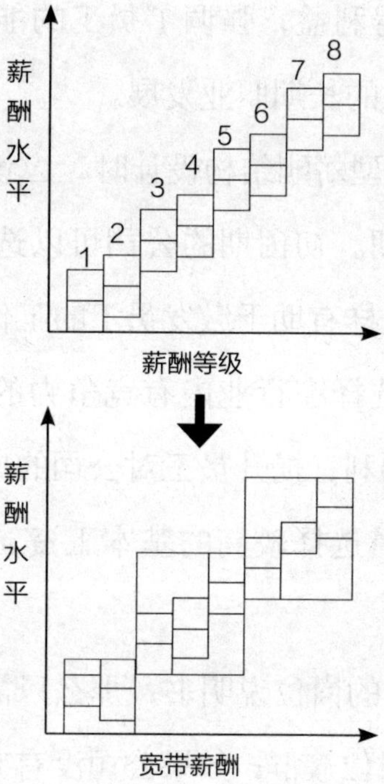

图 6-1　从传统薪酬等级到宽带薪酬示例

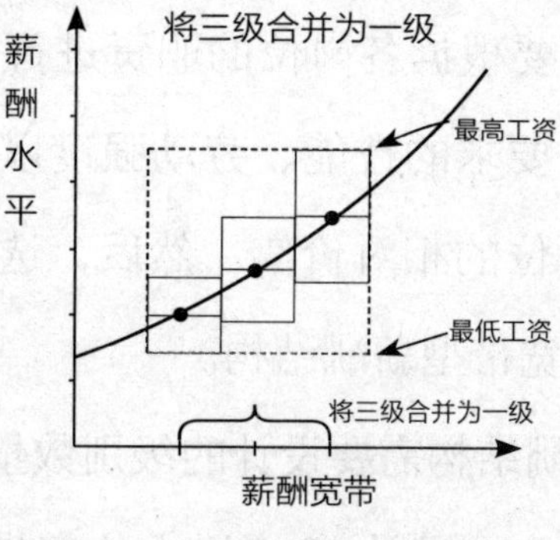

图 6-2　薪酬宽带示意图

在宽带型薪酬结构中，通常只有较少数量的薪酬等级，而每个薪酬等级中薪酬浮动范围却比较大，通常超过 100%。宽带型薪酬结构弱化了既得利益，强调了员工的能力、绩效对组织的重要性，有利于员工的长期职业发展。

公司在进行宽带型薪酬结构设计时，应该先确定薪酬战略目标和所处的发展时期。初创期的公司可以选择低水平的基本工资和高奖金组合，这样有助于激发员工的工作热情，开拓能力；成熟期的公司适合选择在行业内有竞争力的基本工资、奖金水平，同时尽量提高福利，提升员工对公司的忠诚度，留住人才；衰退期的公司应尽量选择较高的基本工资，需要员工尽量保持稳定的绩效水平。

如果公司有完整的岗位说明书，那么只需要根据岗位说明书中的职责描述确定岗位簇群；如果公司没有完整的岗位说明书，则可以通过问卷调查、访谈、关键事件法等方法形成相应的岗位说明书。之后，要根据各岗位的职责进行岗位评估—— 根据岗位责任、岗位所要求的技能、劳动强度以及劳动条件等岗位要素，评价工作岗位的相对价值。然后，选择适合宽带型薪酬的职务层级并确定宽带型薪酬结构。

一个宽带型薪酬结构需要设计的级别数量，目前没有统一的规定或标准。有些公司设计 10 个以上的宽带级别，也有些公司只设计两个级别。确定好宽带型薪酬的级别后，就需要参照市场薪酬水平和薪酬变动区间，在存在外部市场差异的情况下，对同一宽带中的不同职能或职位族的薪酬分别进行定价。

公司初步确立了宽带型薪酬结构之后，要随时收集宽带薪酬实施过程中的反馈信息以及来自市场环境、行业、员工和管理等各方面的信息，以便有效地控制、调整或化解可能出现的危机。

6.2 薪酬体系设计

6.2.1 职位薪酬体系

职位薪酬体系，就是根据工作职务、岗位以及劳动环境因素等确定员工的报酬。首先，根据工作内容的复杂程度、繁重程度、责任大小、精确程度以及劳动条件等客观因素确定各岗位和职务之间的相对顺序和岗位等级；然后，根据岗位等级确定相应的工资级别和级别差。这样，员工处于什么岗位或担任什么职务就获得相应的收入。

职位薪酬体系的特点为：员工在哪个岗位工作，就执行哪个岗位的工资标准；员工要想提高工资等级，就需要晋升到高一级的岗位工作；员工上岗工作必须达到该岗位既定的要求。职位薪酬体系的保健因素大于激励因素。

6.2.2 技能薪酬体系

技能薪酬体系，就是依据员工所掌握的与工作有关的技能、能力以及知识的深度和广度支付报酬。在这种薪酬体系中，薪酬评定的依据是技能特征而不是岗位特征；员工的职位发生改变但工资可能不变；在决定员工工资水平时较少考虑资历因素，薪酬的上涨取决于员工个人所掌握的技能水平的提升与改善、能力的提高等。这种薪酬体系在激励因素方面影响较大，员工只要拥有一定的技能，就能获得相应的工资；但如果没有增强自身的技能，那么这名员工的工资就只能停留在某个层次。

只有提高技能才有可能获得加薪或晋升，享受更多的福利待遇等，所以技能薪酬体系的激励因素对员工产生的影响较大。

技能薪酬包括：技能型能力工资、知识型能力工资、胜任力型能力工资和任职资格型能力工资。技能型能力工资通常是为从事某些具体技术性工作的员工设计的工资制度，即操作工人和技术人员。员工获得的初级、中级、高级等技能等级所对应的薪酬等级不同。技能型能力工资主要用于鼓励员工在技能专业化方面不断深化，以及在技能的宽度方面不断拓展，以具备更多的技能。知识型能力工资是根据员工具备的知识水平来支付工资，比如，员工拥有不同的学历或学位（高中、大专、本科、硕士研究生、博士研究生等），所对应的薪酬等级不一样。胜任力型能力工资则是抛开职位的因素，按照员工具体的与工作相关的能力高低来确定薪酬水平，公司通过设计胜任力模型确定相关职位、职级和薪级的胜任力总分以及与其相对应的工资。而任职型能力工资则是最低标准。技能薪酬要求与具体的工作内容密切联系，并且需要有配套的技能培训、技能认证和鉴定机制作为支撑。

6.2.3 能力薪酬体系

能力薪酬体系是在技能薪酬体系基础上的拓展。在能力薪酬体系中，支付薪酬的依据是员工所掌握的能力，薪酬增长取决于员工能力的提高和新能力的获得。能力薪酬体系的关键是员工核心能力的提炼、对能力进行分析和分级、能力定价以及如何将能力与薪酬联系起来等。这些问题构成了薪酬体系设计的主要环节。

关于能力薪酬体系设计，还需要关注一个问题，那就是公司是否定期对员工进行能力认证。因为随着技术的发展和行业标准的更新，员工原有的工作能力不一定满足当下的要求，如果公司不能及时对员工进行能力认证，在实际工作中就有可能出现有些员工“能不及位”的现象。如果有些已经不再具有某种核心能力的员工依然拿着只有具有此能力才能拿到的薪酬，这种情况不但会对公司的绩效造成不良影响，还会让其他员工产生不公平感。

6.3 薪酬与岗位

6.3.1 薪酬的构成

薪酬是员工向所在的组织提供劳动后获得的各种形式的酬劳。薪酬构成通常有两种不同的观点：一种观点认为，福利属于薪酬的一部分（如图 6-3 所示）；另一种观点认为，福利不属于薪酬的一部分。本书采用第一种观点。

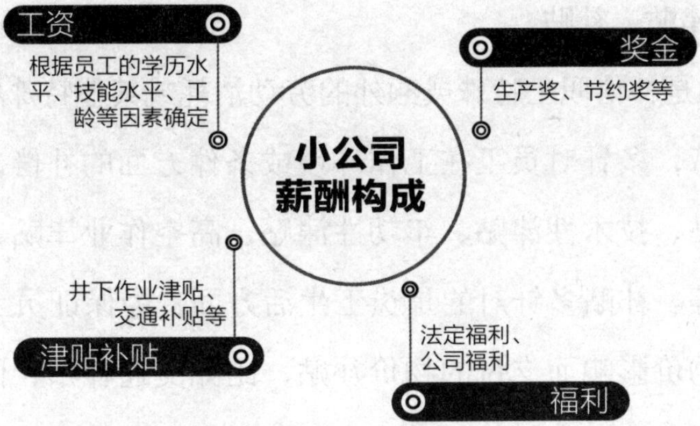

图 6-3　小公司薪酬构成

1. **工资**

工资是按照一定的时间周期，定期发给员工的酬劳，实际发放的金额与员工的岗位高低、技能水平、工龄长短等因素有关。国家统计局《关于工资总额组成的规定》的第二章第四条规定：“工资总额由下列六个部分组成：①计时工资；②计件工资；③奖金；④津贴和补贴；⑤加班加点工资；⑥特殊情况下支付的工资。”

2. **奖金**

奖金是对劳动者提供的超额劳动所支付的报酬。奖金对员工起到奖励先进、鞭策后进的作用，它可以根据员工个人劳动贡献的多少形成收入差别。公司中的奖金包括生产奖、节约奖、劳动竞赛奖以及其他奖金等。

3. **津贴、补贴**

津贴是补偿职工特殊或额外的劳动消耗或其他特殊原因而支付的酬劳，多针对员工在工作环境或条件方面的补偿，比如保健性津贴、技术性津贴、年功性津贴、高空作业津贴、井下作业津贴等。补贴多针对的是员工生活方面，为保证员工工资水平不受物价影响而支付的物价补贴，比如交通补贴、住房补贴等。津贴和补贴会随着员工个人、工作环境和条件、物价水平而变化，具有一事一贴的特点。

4. **福利**

福利是员工的间接报酬，一般包括法定福利和公司福利。福利可以起到吸引员工、保持员工稳定性、提升公司形象、提高员工工作满意度等作用。法定福利包括“五险一金”，即养老保险、医疗保险、工伤保险、生育保险、失业保险和住房公积金。有的公司还会为员工缴纳补充商业保险、企业年金，即“六险二金”。现在还出现了“七险三金”，即在“五险一金”的基础上增加了长期护理险、团险、个人养老金和商业养老金。

6.3.2 公司内常见岗位的薪酬构成

1. **业绩责任岗**

业绩责任岗主要考察该岗位员工的绩效完成情况，该岗位工作完成质量可以直接用业绩衡量，公司中的销售岗、运营岗等均属此类。这类岗位员工的工作活动为部门和公司创造直接利润。这类员工绩效考评较为直观、极易量化且在薪酬制度上更加注重激励性，所以业绩责任岗的薪酬构成中工资的比例要相对低，奖金的比例要相对高。比如，总薪酬中，工资占 50%，业绩奖金占 40%，年终奖占 10%。例如年薪总额是 24 万元，那么工资就是 12 万元，平均每个月都能固定地拿到 1 万元，而业绩奖金只有完成了业绩的情况下才可以拿到，业绩奖金设置较高的比例也是为了刺激从业者产生创造业绩的动力。年终奖可以视为是对该岗位从业人员一年内工作行为的奖励。

2. **专业能力岗**

专业能力岗也称专业技术岗，比如互联网公司的研发工程师、报社的记者、生产企业的技师等。当员工的工作能力和技能水平在一个岗位上起重要作用时，可以使用“岗位 + 技能工资制”。这类岗位的薪酬构成中，工资占比要高于业绩责任岗的工资占比，例如工资占 70%，业绩奖金占 20%，年终奖占 10%。业绩奖金具体考核的是可量化的工作成果。年终奖同样也视为是对该岗位从业人员一年内工作行为的奖励。

3. **支持服务岗**

公司中最典型的支持服务岗就是财务、行政、人力、法务等岗位。该岗位工资讲求“同工同酬”的客观性，员工完成何种工作就会获得何种薪酬。支持服务岗不直接影响公司的业绩，所以有时不设置业绩奖金。通常，支持服务岗的薪酬构成是工资占 90%，年终奖金占 10%。工资占比较高可以让从事该岗位的员工有安全感，以稳定的心态为公司提供支持服务。

6.4 薪酬计发

6.4.1 工资发放的形式

工资既可以以现金的形式发给员工，也可以由银行代发。《工资支付暂行规定》第五条和第六条分别规定：“工资应当以法定货币支付。不得以实物及有价证券替代货币支付。”“用人单位应将工资支付给劳动者本人。劳动者本人因故不能领取工资时，可由其亲属或委托人代领。用人单位可委托银行代发工资”。《中华人民共和国劳动法》第五十条规定：“工资应当以货币形式按月支付给劳动者本人。不得克扣或者无故拖欠劳动者的工资。”

6.4.2 工资的支付周期

《工资支付暂行规定》第七条规定："工资必须在用人单位与劳动者约定的日期支付。如遇节假日或休息日，则应提前在最近的工作日支付。工资至少每月支付一次，实行周、日、小时工资制的可按周、日、小时支付工资。"每个地区在此基础上，又根据各地实际情况制定了比较详细的工资支付条例。

《上海市企业工资支付办法》第六条规定："企业应当每月至少支付一次工资，支付工资的具体日期由企业与劳动者约定。如遇法定休假节日或休息日，通过银行发放工资的，不得推迟支付工资；直接发放工资的，应提前支付工资。对实行年薪制或按考核周期兑现工资的劳动者，企业应当每月按不低于最低工资的标准预付工资，年终或考核周期期满时结算。"2022年，《深圳市人民代表大会常务委员会关于修改〈深圳市员工工资支付条例〉的决定》中将《深圳市员工工资支付条例》第十一条第一款修改为："工资支付周期不超过一个月的，约定的工资支付日不得超过支付周期期满后第七日；工资支付周期超过一个月不满一年的，约定的工资支付日不得超过支付周期期满后的一个月；工资支付周期在一年以上的，约定的工资支付日不得超过支付周期期满后的六个月。"并将第十一条增加一款，作为第二款："工资支付周期为一个月的，自用工之日起至约定的工资支付日不满一个月的工资，用人单位可以在首个工资支付日按日折算支付，也可以在下一个工资支付日合并支付，具体由用人单位与员工协商确定。”将第十二条修改为：“用人单位因故不能在约定的工资支付日支付工资的，可以延期五日；因生产经营困难，需要延期超过五日的，应当征得本单位工会或者员工本人书面同意，但是最长不得超过十五日。”

6.4.3 奖金的发放时间

奖金发放时间一般由各公司视情况自行规定。如果实行月度考核，且考核合格才能发放奖金，则可对其进行具体规定和实施，比如，某公司每月考核周期为当月 20 日至次月 19 日，发工资日期为每月的 28 日，那么公司的人力资源部门会在每月 22 日前发起奖金报批流程，每月 28 日由出纳发放奖金。如果有约定的年终奖，一般在当年年底或者次年的年初进行发放。如果事前无约定，可以不发。

6.4.4 奖金发放额度

公司一般会根据实际情况调整奖金额度，比如，奖金可以占工资总额的 5%~10%。而随着公司运营趋于平稳和规范，公司的效益也会持续增加，这时候不妨加大奖金额度，甚至数额高于工资。为了便于灵活调整，公司可以根据实际情况实行浮动奖金，浮动比例可在10%~50%。

发放奖金的方式根据公司的自身情况决定，奖金额度的计算方法一般有以下两种：一种是奖金总额乘以系数；另一种是基本工资乘以系数。其中，系数自行规定，并根据公司实际利润划分不同的档次。

6.4.5 部门奖金的分配

进行部门奖金分配时，需要考虑以下几个方面。

首先，要确定各部门的战略贡献系数。由于各部门对公司的战略贡献程度不同，一般可以把它们分为：非常相关、比较相关、一般相关、比较不相关和基本不相关5个等级。然后，对应这5个等级把各部门的战略贡献系数设定在0.4~1.0，系数越大，则意味着越相关。为了鼓励部门之间团结协作，战略贡献系数变动单位一般设为0.1，且各部门之间差别不宜过大。在确定各部门战略贡献系数时，高层管理者需要结合公司的内外部环境考虑。

其次，设定各部门的绩效等级。可以将绩效等级分为：超出预期、完成预期、基本完成、需要努力、需要改进等5个级别。根据各部门的绩效考核结果，对应绩效等级设定绩效系数。部门绩效系数可以设定在0.4~1.2，且变动单位为0.1。

再次，由公司高层管理者决定战略贡献系数和绩效系数间的权重。通常两者之间权重分配比例为40% ：60%、50% ：50%

和 60% ∶ 40%。

最后，根据奖金分配系数，计算出各部门奖金分配总额。例如，某公司销售部的战略贡献度系数为 1，部门绩效系数为 0.8，战略贡献系数权重为 70%，部门绩效系数权重为 50%，那么销售部的奖金分配系数为：1×70%+0.8×50%=0.7+0.4=1.1。

6.4.6 岗位奖金的分配

公司通常会根据绩效管理办法和体系，定期对员工的绩效进行考核。考核结果一般按照“中间大，两头小”的原则为员工的绩效定级。员工个人绩效考核结果将与个人绩效系数之间形成对应关系。

如果各岗位员工的绩效等级分为超出期望、完成期望、基本完成、需努力、需改进等 5 个级别，那么依照上述原则，其分别对应的绩效等级的比例为：超出期望和完成期望各占 10%、基本完成占 70%、需努力和需改进各占 5%。

岗位奖金分配以工作绩效考核为主要依据。根据员工岗位绩效系数和部门奖金总额计算员工的奖金。部门主管根据所在部门的绩效考核结果、工作任务完成情况以及人力资源部门批准的奖金额度编制本部门员工的奖金表，并将分配结果报送人力资源部。经人力资源部主管领导审批后交至财务部门，由财务部门发放奖金。

6.4.7 津贴、补贴的发放

首先，津贴和补贴的发放要符合国家的相关政策，如《关于工资总额组成的规定》第八条对于津贴和补贴项目的规定，避免滥发滥用。津贴不是平均发放给所有人员的，发放津贴需要考虑岗位差异和人员的类别。领取的条件、工作环境或所属范围不同的人员，享受不同的津贴。

其次，当某岗位满足某些具体条件时，应当为其发放一定数量标准的津贴。当某岗位不再满足有关条件时，则不能为其发放相应的津贴。一般情况下，津贴和当月工资一起发放。但由于某些工作的特殊性，津贴有时需要单独发放，有时是在完成任务后集中发放。

6.4.8 福利的发放

职工集体福利支出属于基层工会经费支出范围的一部分。《基层工会经费收支管理办法》（总工办发〔2017〕32 号）第三章第八条第 4 款规定：“职工集体福利支出，用于基层工会逢年过节和会员生日、婚丧嫁娶、退休离岗的慰问支出等。基层工会逢年过节可以向全体会员发放节日慰问品。逢年过节的年节是指国家规定的法定节日（即：新年、春节、清明节、劳动节、端午节、中秋节和国庆节）和经自治区以上人民政府批准设立的少数民族节日。节日慰问品原则上为符合中国传统节日习惯的用品和职工群众必需的生活用品等，基层工会可结合实际采取便捷灵活的发放方式。工会会员生日慰问可以发放生日蛋糕等实物慰问品，也可以发放指定蛋糕店的蛋糕券。工会会员结婚生育时，可以给予一定金额的慰问品。工会会员生病住院、工会会员或其直系亲属去世时，可以给予一定金额的慰问金。工会会员退休离岗，可以发放一定金额的纪念品。”需要说明的是，我国各省市的职工福利标准存在差异，所以公司务必根据所在省市的规定，依法依规发放福利。

第 7 章

结果管理

7.1 结果管理及其重要性

结果管理通常也被称作“经营结果管理”“发展结果管理”“绩效管理”或者“成果管理”。结果管理就是一切工作以结果为导向，强调经营、管理和工作的结果（经济效益、社会效益或客户满意度），经营管理和日常工作的能力、态度均要符合结果的要求。结果管理对于公司的发展是非常重要的。

市场需求随着时代的变迁而存在差异。公司生产的产品或者提供的服务只有符合市场需求才能取得理想的收益。因此，结果管理需要针对公司所处的发展时期，以实现公司目标为导向，将公司的人力、资金、设备等资源进行优化分配，进行业务调整，并有针对性地将总体目标分解成各阶段小目标，最终实现公司的总体目标，取得既定的绩效结果。公司实行结果管理可以帮助员工准确地安排好工作，减少计划执行过程中的成本消耗。同时，结果管理也有助于中基层管理者清晰地了解员工的工作内容和工作情况，并根据员工的绩效达成度进行管理。

7.2 结果三要素

7.2.1 可衡量

可以使用格里波特四分法，从数量、时效、质量、成本 4 个维度对结果进行衡量，如表 7-1 所示。数量维度，包括总量、单位数量（比率）等，如产量、销售额、利润（率）等可以用绝对值或比率来准确描述的数量标准。时效维度，是指任务是否在既定的时间内完成，如产品生产周期、完工所用时长或天数等（切记不要使用“及时”“快速”之类的形容词描述）。质量维度，包括精确性、优越性和创新性，如破损率、通过率、准确率等。质量维度，可以通过对结果、所达到的状态来确定客观的质量标准（不要用“满意”之类的主观判断词），如“全年零投诉”“试运行检验一次性通过”等。成本维度，指的是单位产品成本、投资回报率等。这 4 个维度可以用“多、快、好、省”形容，如图 7-1 所示。

表 7-1 格里波特四分法量化指标示例

维度	量化指标
数量	次数、人数、额度等
时效	新产品研发天数、开发周期、完成时间、最迟开始时间、最早结束时间等
质量	满意度、准确度、合格率、达成率等
成本	投资回报率、费用、预算额等

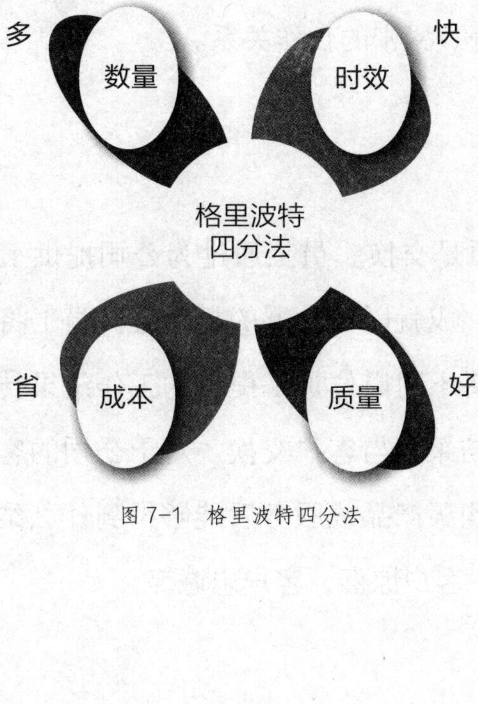

图 7-1 格里波特四分法

7.2.2 有价值

结果的价值不是由结果提供方决定，而是由客户或者潜在客户决定的，所以，结果提供方必须以客户价值为导向。结果提供方需要细分客户类型，识别客户需求，满足并超越客户的期望，提升客户价值，进而获得客户回报（交换）与客户忠诚（持续交换）。公司应当努力使客户更主动地关注、认同公司，并积极地与公司互动，从而增强公司与客户之间的契合度。公司可以通过举办产品或服务推广研讨会，以增加与客户互动的机会；可以建立可靠、有效、便捷的平台系统，为客户提供更优质的服务；可以开展员工培训，提升员工的职业素养，有助于在与客户沟通时提升客户的关注度和认同感。公司要鼓励客户经理积极与客户沟通，了解客户的需求，适时听取客户的建议和意见，培养长期、良好、紧密的合作关系。

7.2.3 可交换

商业的本质是交换。员工通过为公司提供工作结果交换报酬，获得收入、成就以及发展的机会等。员工将工作结果提供给公司，公司将不同岗位员工提供的工作结果转换成最终产品或服务形式的结果，与客户交换。对于公司的客户，公司最终关心的是客户购买产品或服务后能够得到什么结果，如客户满足、客户满意、客户惊喜、客户忠诚等。

7.3 结果管理的三大原则

第一，目标细化原则。结果管理需要围绕公司的战略发展目标进行，为了使目标更好地被实现，获得理想的结果，就需要“横到边、纵到底”地细化目标。公司各部门、各级员工都要清楚地了解各自的任务和目标，任务越清晰，目标越明确，结果越易于评价。

第二，双向沟通和及时反馈原则。持续、动态的沟通有助于结果的达成。既可以实现公司的目标，又能够促进员工的发展。通过有效的互动沟通，员工才能清楚地了解到自己要在什么时间、什么样的环境下、通过什么方式履行哪些职责。通过沟通，管理者把工作任务、工作目标以及工作价值观传递给被管理者，双方达成充分的共识与承诺。只有提高员工的认可度，工作任务才会被很好地执行，才有望实现工作目标，取得令人满意的结果。

第三，系统性原则。结果管理不能脱离公司的日常经营运作而独立存在，管理时如果不考虑结果三要素，那么可能会对公司的日常经营造成很大的负面影响。公司的各项工作都是相互关联的，如果只注重某几个环节而忽视其他环节，会导致处于其他环节的员工产生不公平感。

7.4 结果管理对能力的要求

7.4.1 管理者履行结果管理义务的能力

结果管理取决于公司管理者是否明确：要想达到预期的结果，需要关注哪些方面，应如何决策以及如何领导员工，员工应如何执行等。否则，结果管理就难以在公司中实施。对于公司来说，要想将改良绩效、追求卓越、提供优质的服务等理念深入落实在公司制度中，管理者就有义务对预期结果有清楚的认识，要带着强烈的责任感开展工作。

7.4.2 明确预期结果与制定目标的能力

在功能和运作层次上，进行结果管理首先需要明确公司整体发展目标。在公司内部多方参与并对各项任务达成共识的过程中，制定出明确的目标。对于公司管理者而言，制定明确的发展目标，就是关注公司在现有资源和组织能力下，公司的各项工作活动将产生什么样的效果，将会达成何种结果。

7.4.3 将目标与计划相关联的能力

管理者要以结果为导向估算公司中各部门在达成目标的过程中所做的贡献。首先，明确各部门内员工的角色与职责，比如，明确各部门的人事安排，确保部门内的相关员工明确地了解自己的职责，比如，规划和挑选项目、规划服务时间、定位客户群、确定采购需求，以及处理客户关系等。其次，公司各部门必须了解本部门的哪些任务是与其他部门的任务相关的，而这些任务都是为公司的发展目标服务的。这样，可以加深部门内与部门间的合作关系，完善协调机制，以帮助各部门应对可能出现的问题。

7.4.4 监督与评估的能力

跟踪监督，并评估在某个具体的时间点上，某部门开展的或者完成的与绩效目标相关的工作信息。评估是为了帮助管理者了解目标可以实现或不能实现的根本原因；评估能帮助管理者重新思考产生问题的根源，识别新出现的问题，以及如何处理这些问题。

7.4.5 反馈决策的能力

理想的结果管理可以使公司所有的决策，包括从资源配置、工作计划到管理绩效评估和激励机制，均能根据明确的、可监控的结果目标有序地进行。因此，在制定决策时，需要把与结果相关的人和事等信息反馈给公司的决策制定者。反馈结果有助于公司上下共同检查制定的政策和计划，并调整与之相关的部分行动。

7.5 结果管理的评价标准

7.5.1 关键绩效指标法

关键绩效指标法（Key Performance Indicator，英文简称KPI）聚焦于工作重点和方向。公司在制定结果评价指标时，只选取与公司目标紧密相关的工作内容，即将影响80%工作的20%关键行为进行量化，并将这些行为确定为具有可操作性的目标（表7-2）。

表7-2　关键绩效指标考核表

关键绩效指标	权重	目标值

7.5.2 平衡记分卡

平衡计分卡（Balanced Score Card，英文简称 BSC）是从财务、客户、内部经营、学习与创新 4 个方面对公司进行全面的评价（表 7-3）。在使用时，每一方面都要建立相应的目标和指标。

表 7-3　平衡记分卡常见指标

维度	常见指标
财务	营业收入、资本报酬率、销售额、利润额、经济增加值、资产利用率
客户	准点送达率、客户满意度、客户盈利率、新客户获得率、合同取消数、产品退换货率、客户保持率
内部运营	新产品开发速度、业务质量、出勤率
学习与创新	员工的专业能力和素质、工作满意度、新产品开发周期

近年来，随着国家对安全生产工作的重视，各单位管理者和员工也提高了在劳动安全工作方面的责任感和自觉性。安全生产事关人民福祉，事关经济发展大局，其重要性不言而喻。因此，建议在平衡记分卡的 4 个维度中，再增加一个维度——安全管理维度，其二级指标为“事故率”。表 7-4 是某公交车公司经营绩效评价指标体系，供参考。

表 7-4　某公交车公司经营绩效评价指标体系

维度	指标
财务	销售净利率、净资产收益率、应收账款周转率、非流动资产周转率、流动比率、资产负债率、税后利润增长率
运营与内部管理	出车率、车辆调度准确率、车辆故障率、车辆检修率、旅客运输密度
内部运营	客户满意度、市场扩展率、社会贡献率
学习和创新	专业技术人员占有率、年度培训计划完成率、员工培训费用投入率、资本保值增值率
安全管理	交通事故率

7.5.3 目标管理法

目标管理法（Management by Objectives，英文简称 MBO）是由领导者与下属经过商讨之后共同设定目标，并对目标完成过程中的进展情况定期检查的一种管理方式。这是一种上下级双向互动，并且以结果为导向的评价方法，以实际产出（结果）为基础，根据目标的完成情况进行奖惩。目标管理法的核心是分解公司的阶段性目标，即在与公司战略目标相统一的前提下，采用目标管理法层层分解公司的阶段性目标，最终将其转化为更易实现的员工个人目标，使得公司各部门的职责清晰，分工明确。表 7-5 为参考用表。

表 7-5 某部门目标考核表

部门				
工作任务	工作目标	权重	目标完成情况说明	得分
合计		100%	总分	
部门领导签字： 年 月 日			上级主管签字： 年 月 日	

第 8 章

团队管理

8.1 常见的团队类型

团队的定义较为广泛，国内外学者分别从协作的角度和关注成员的角度定义团队。团队是由个人组成的群体，其中每个成员都拥有共同目标，每个成员的工作和技巧能协调一致，通过协作，实现高质量的成果。每个成员有各自的角色、职能和有限的参与期间。公司中不同类型的团队相互协作、配合，可以使公司有效地完成任务、实现目标并提高绩效。常见的团队类型有6种，如图8-1所示。

图 8-1 团队类型

8.1.1 工作团队

工作团队是指为完成产品生产或提供服务，由较为稳定的成员组成的群体，工作团队内部成员是经过挑选且全职就职于组织中的，团队的存在期间较长。团队成员自团队成立以来就一直一起工作，很少变动。团队成员有相似的知识背景，并且掌握多项技能。工作团队的任务一般是例行工作，工作指向性较强，工作任务便于标准化。工作团队具有较严格的组织结构，公司组织结构图中所显示的岗位就是工作团队的成员。公司通过书面的工作描述以及其他方式的沟通，可以让员工明确自己在团队中的角色。在工作团队中，管理者通过行政职位确立领导权，具有管理权威。管理者直接监督、管理和控制团队成员，团队成员向管理者汇报。工作团队通常有以下 3 种类型。

1. 问题解决型团队

该团队一般由同一部门的员工组成，针对工作中发现的某一个问题，每周集中在一起，陈述问题、分析问题并提出建议，但是通常没有实施整改行动的权力。

2. 多功能型团队

多功能型团队由同一等级、不同职能部门的员工组成，为完成一项特定的任务（比如新产品开发）而组建。其特点是不同领域的员工之间交换信息，激发出新的观点，解决面临的问题，协调复杂的项目。在该类型团队中，工作任务被分派下来后，团队中来自不同部门、不同领域的员工承担各自的责任，交换任务信息，分工协作完成任务。

3. 自我管理型团队

随着组织的扁平化和平台化发展，自我管理型团队应运而生。自我管理型团队保留了工作团队的基本性质，但在运行模式方面增加了自我管理、自我负责、自我领导的特征，团队成员拥有一部分管理自主权，比如确定工作标准、分配职责、协调工作程序、监管工作过程等。这样的团队可以增强对外部情况的反应速度、提高生产和创新能力。

8.1.2 并行团队

并行团队是从不同部门和岗位抽调工作人员完成常规团队之外的任务，这种团队与正常的组织结构中的团队并存。并行团队是跨部门人员组成的非正式的、为了解决问题或为了促成有针对性的活动而组织的团队。来自不同部门的人员组成的并行团队一般从事的是兼职的任务，并且团队的存在期间有限，因此这种团队往往具有低度的自治性，需要在多部门协调的情况下组建。例如质量提高小组，该小组由公司来自各级管理层的领导和非管理层的员工组成，其目的是发现生产环节存在的问题，并提出改进产品质量的建议。

8.1.3 项目团队

项目团队有时间界限，具有一次性、非重复性的特点，即为了一个项目而成立，例如开发一个新产品、编制新的程序等，待项目结束后，团队解散。项目团队成员共同承担项目目标的责任，兼职或者全职地向项目经理汇报。项目团队需要应用大量知识、判断和专业技术，因此，团队成员可能需要从不同部门选派，每个团队成员都具有独特的技能和知识背景，且彼此之间具有知识与技能的互补性，待任务完成后，团队成员返回各自的岗位。项目经理是团队的领导人，掌控整个项目团队和项目任务。

项目团队成员大多来自于组织内不同职能部门，这些成员虽然进入项目团队，但人事关系仍然隶属于原来的部门。因此，项目团队成员会面对项目领导和职能领导的双重领导局面。

8.1.4 管理团队

管理团队成员一般包括各个部门的管理者，他们协调和指导所在部门开展工作，并对所在部门的总体绩效负责，在必要的情况下，会与业务相关联的其他部门合作。管理团队的权威来自于成员的行政等级差别，如高层管理团队、中层管理团队和基层管理团队。高层管理团队主要考虑公司的整体战略目标和绩效；中层管理团队既是执行者，又是领导者，是实现公司战略目标的重要支撑；基层管理团队贯彻执行公司各项经营计划，管理一线员工，激发生产一线员工的潜力，将各项工作落到实处，帮助公司实现卓越绩效。

8.1.5 虚拟团队

在没有特定结构和充满不确定性的大环境下，公司需要不断提高对客户的反应速度，因此虚拟团队应运而生。

相对于传统团队的概念，虚拟团队是一个利用网络信息技术，由跨空间、跨时间和跨组织界限，依靠技术，由相互独立工作的多元化的一群人为某个共同目标而组成的团体。与传统团队相比，分散在不同时间和空间的虚拟团队成员会利用电子邮件、视听会议、内部网络等现代化信息技术进行沟通。很多虚拟团队的组建是为了解决某些重大、复杂的任务，所以，虚拟团队的成员一般都具有高度的专业性，他们利用自身所掌握的知识相互协作，解决特殊的问题。虚拟团队的领导者通过专业技术影响力发挥领导作用。

8.1.6 众包团队

众包模式是互联网技术发展的重要成果。众包模式是将庞大或者复杂的任务量化，分解为较为简单的、能够交由更多的人去完成的任务。众包团队突破了传统的组织边界，通过整合无数的外部资源去解决问题，完成任务。众包团队是无组织性的，组织者在计划和实施众包之前，对团体成员的组成既没有清晰的计划和目标，也无法确定参与者的身份、数量和参与度。是否进入一个众包团队由参与者的兴趣和能力来决定，而众包任务的完成质量也受到任务要求和成员状态的制约。众包团队组织者对团队难以形成传统意义上的领导权，只能在一定程度上对任务进展施加影响。

8.2 团队文化建设

团队文化是指长期形成的、所有成员都接受并深信的，具有团队个性的信念和行为。团队文化的主要内容是价值观、道德规范、团队精神和行为准则。

8.2.1 团队精神文化建设

在团队文化建设中，首先应当建设精神文化，包括团队任务、阶段目标、团队价值观、公司的经营方针等。建设团队精神文化包括明确树立团队的使命、团队的愿景、团队的核心价值观。团队成员要将团队的精神文化融入工作中，成为规范团队成员处事行为的准则。

在团队精神文化建设中，尊重是第一要务，公司管理者只有给予员工足够的尊重，才能得到员工发自内心的尊重。管理者要尊重员工所付出的劳动，平等地对待每位成员。当然，员工想要得到尊重也必须要付出努力，要对团队负责。

8.2.2 团队规章文化建设

团队规章是团队为实现发展目标，制约团队成员行为而出台的一系列具有较强约束性的规章制度，例如公司运营制度与员工管理制度等。公司建设团队规章的目的是约束员工在日常工作中的行为。

团队规章制度建设包括公司团队的组织结构、团队的人力资源管理制度、培训和考核制度等。其中，团队的人力资源管理制度包括流动人员管理制度、考核制度、培训制度、激励制度等。流动人员管理制度遵循“能进能出”的原则，从团队中调离那些跟不上团队发展节奏的成员，从团队外引进有利于公司团队发展的人才。培训制度是通过培训团队成员的专业能力，提高团队成员适应公司工作环境的能力。在执行考核制度时，应当明确地鼓励或者反对某种行为，以公司核心价值观为中心，严控考核标准和奖惩措施。

8.2.3 团队行为文化建设

团队行为文化是团队成员在工作的过程中所形成的活动文化，包括公司的运营管理、文体活动、人际关系等产生的文化现象。行为可以是来自团队的管理者或团队中的模范人物，以及普通的团队成员。管理者需要将价值观细化为切实可行的执行准则，并且带头执行该准则，用自己的实际行动来表达团队文化的内涵。团队中模范人物的光荣事迹不仅能反映出公司的核心价值观，还能鼓舞员工的工作士气，在公司或者团队中形成向模范学习的工作氛围。模范人物不仅限于领导者或公司（团队）创始者，应该倾向于从员工群体中甄选并树立榜样和模范人物，这样更有利于鼓励员工去学习和模仿，发挥员工之间相互影响的作用，以个体带动整体，学习和实践价值观。公司最好制作《员工手册》或者《团队工作指导书》，其中要包含需要员工遵守的全部制度规范，这有助于员工了解团队文化。

8.3 解决团队冲突

8.3.1 团队冲突的类型

一个团队中，团队成员在沟通和交流的互动过程中会因为期望和利益等方面不一致而产生不兼容的行为和活动，继而相互排斥，导致冲突发生。团队冲突是一个动态发展的过程，它始于团队成员感知到团队其他成员与自己有不同的观点或对自己产生不利的影响。通常情况下，团队冲突可以分为任务冲突、关系冲突和过程冲突。

1. 任务冲突

任务冲突关注的是事，是指因为工作的内容所产生的冲突。

这种冲突来源于团队成员对工作内容或工作构想存在分歧，本质上是一种认知冲突（图 8-2）。例如，在项目团队中，任务冲突主要发生在与任务相关的问题上，如对措施和程序的看法不一致，或在项目资源分配和部署方面有矛盾，或对项目进展的估计和解释存在分歧等。

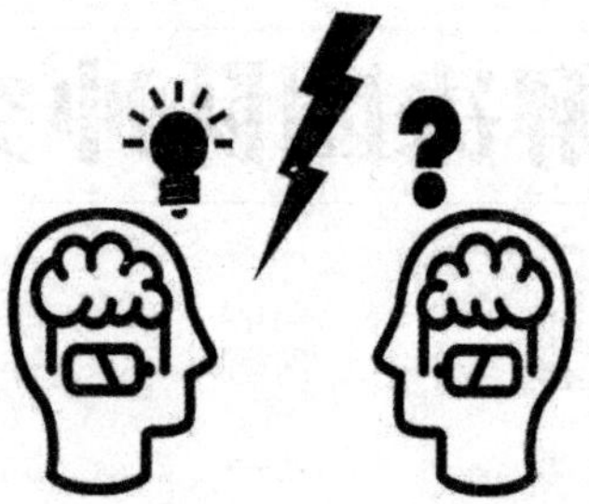

图 8-2 认知冲突

2. 关系冲突

关系冲突重点关注的是人，是在人际交往中因某些方面的摩擦所产生的冲突。例如由于性格、行为规范和价值观等差异而导致团队成员之间发生对抗、反抗和敌意（图 8-3）。

在团队互动的过程中，任务冲突和关系冲突在一定条件下可以相互转化。由于团队成员有时难以合理区分认知分歧与个人冲突，那么，如果团队成员将工作中认知分歧误认为是人身攻击，则会导致任务冲突转化为关系冲突；相反，如果团队成员间存有敌意，则在沟通或工作中倾向于专门挑对方观点上或者行为上的错误，进而导致关系冲突向任务冲突转化。

图 8-3 关系冲突

3. 过程冲突

过程冲突是一种管理冲突，指团队成员在任务完成流程方面产生分歧，例如任务的分配、完成任务所使用的方式、任务进程中的资源分配、人员的选派、任务完成后的责任归属等关键问题。过程冲突和任务冲突关注的都是任务，不同的是，任务冲突主要关注任务本身，例如任务的目标和任务的内容，而过程冲突则重点关注任务如何完成，即“做什么”和“怎么做”。

表 8-1 是以某生产型公司为例，说明不同类型的团队冲突的表现形式有何不同。

表 8-1 某生产型公司的团队冲突表现及类型

表现	类型
生产与设计部门就如何改良产品产生的冲突	过程冲突
制造过程中任务重和人手不足的冲突	过程冲突

（续表）

表现	类型
设计部门无视基层改良意见的冲突	关系冲突
人机匹配的冲突	过程冲突
过度劳动和过度疲惫的冲突	过程冲突
员工或部门利益之间的冲突	关系冲突
生产部门与管理部门的意见产生冲突	关系冲突
文化的冲突	关系冲突
质量控制与生产任务的冲突	任务冲突

8.3.2 团队冲突对绩效的影响

传统冲突观点认为，团队内部冲突是团队有效运作的障碍，所有冲突都是有破坏性的。但是随着对冲突的深入研究，学者们发现冲突对团队产生的影响取决于冲突的类型，如果管理得当，则可能有利于团队创新和竞争力的提升。冲突与绩效的关系如图 8-4 所示。

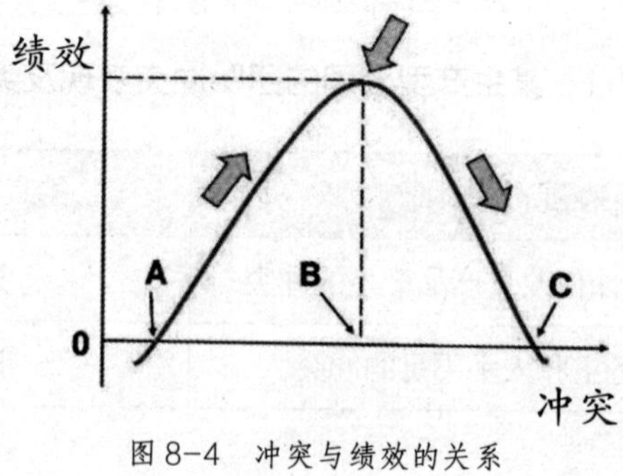

图 8-4　冲突与绩效的关系

1. 关系冲突对绩效的影响

关系冲突负向影响绩效。团队成员在完成团队任务的过程中，由于彼此间的差异、观点的不同、利益和资源安排的分歧而引发团队成员相互讨论、争论甚至是争吵，严重的甚至会影响团队成员的心理健康，产生紧张、焦虑等情绪。冲突还容易使团队产生内耗，降低团队凝聚力，团队成员间互不信任，士气低落，团队秩序混乱，绩效不佳，团队目标达成度受限。

2. 任务冲突对绩效的影响

任务冲突是把“双刃剑”。从积极影响方面来看，任务冲突能够加深团队及其成员对任务的理解，有助于克服团队决策中的验证性偏差，从而促进创新或积极影响团队的工作结果。团队中的任务冲突能使团队成员重新评估现状，促使其准确把控工作目标、工作策略或工作过程，促进不断创新。从消极影响方面看，有时任务冲突是一种干扰，过多的任务冲突可能会导致团队成员感知、处理和评估信息能力下降，导致团队成员无法有效地整合思路，从而失去对团队目标的关注，阻碍团队创新。

3. 过程冲突对绩效的影响

过程冲突是团队在分配任务时出现责任不明确、分配不平均而产生的冲突。在日常工作过程中，往往会由于责任承担和资源分配等出现问题而产生冲突。在团队中出现此类冲突会大大降低团队的工作效率，涣散人心，影响士气，导致团队难以完成任务或团队绩效明显降低。

8.3.3 团队冲突管理

妥善地处理冲突是非常关键的，对于冲突管理方式的选择会影响事态的发展和最终结果，进而影响冲突双方的工作。冲突管理的方式分别为合作、竞争、妥协、迁就以及回避（见图8-5）。

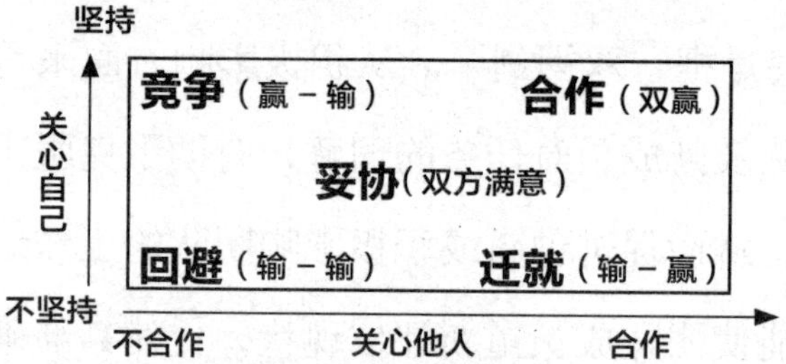

图8-5 托马斯冲突管理方式模型

1. 合作型冲突管理方式

在完成组织任务的过程中，各个成员的贡献将被整合为团队的共同产出。合作型的冲突管理方式能够让团队成员针对任务发表各自的观点，展开讨论、进行反驳或思考，整合他人的想法，集思广益，用双赢的方式解决问题，提出的解决方案会兼顾利益相关者的权益。

2. **竞争型冲突管理方式**

采用该方式时，团队成员会过于注重他人的行为，与他人进行比较，关注结果，以在竞争中获得优势和回报，容易过分追求快速完成任务，降低了创新的动机和信心。采取竞争型冲突管理方式，会造成一输一赢的结果，团队成员容易产生对立情绪，对团队形成负面影响。

总的来说，当团队冲突发生以后，要了解冲突双方对于冲突的态度以及对于团队的态度，如果对方认为合作更重要，那么可以对问题进行妥协、迁就或者回避。相对妥协而言，迁就和回避则更为被动。

8.4 打造高绩效团队

相对于传统组织，高绩效团队更倾向于技术创新与冒险，更重视学习与拓展，更注重挖掘团队成员个体的潜能，强调团队的适应性变革与可持续性发展，目的是为客户、为员工、为股东、为社会创造最大化的有效价值。

8.4.1 高绩效团队对组织的重要性

高绩效团队成员基本是高素质的精英人员，人人都是责任的担当者，这源于团队成员的高度责任感和使命感。他们常常以更高的目标和准则、更严格的运作流程，保证团队以最佳的工作状态运行，并实现理想的经营业绩。高绩效团队内部气氛融洽，团队凝聚力强，成员间能够相互信赖、相互支持，紧密配合与协作。从组织价值认同方面来说，高绩效团队成员对事业无比忠诚，他们在日常工作中，能够发现自身的价值和工作的使命或意义。在一个高绩效团队中，成员们拥有共同的、明晰的价值观，敢于拼搏，勇于挑战和超越对手。高绩效团队善于利用有效的沟通和寻求良性互动策略来争取获得外部支持，并能保证达成目标。

8.4.2 高绩效团队的构成要素

1. 共同的愿景

共同的愿景在高绩效团队建设中的作用越来越重要。共同的愿景是团队成员内心深处的远大景象和真实愿望，包括团队存在的价值、目标和使命，团队未来发展规划以及实现目标的途径。共同的愿景必须是清晰而且具体的，可以提升团队成员的责任感和使命感，产生对工作的自豪感、满足感和幸福感，增强对团队和自己的信心。在工作中，共同的愿景会激发团队成员的内在驱动力和潜力，增强创造力。

2. 树立团队领导者的权威

团队领导者要树立自己的权威，必须要有渊博的专业知识、高超的专业技能、优秀的综合素质、资深的工作经验以及丰富的人生阅历。此外，在工作实践中，团队领导者还要为本团队甚至整个公司做出卓越的贡献。高绩效团队的领导者应该具备较强的执行力，在接到工作目标或计划、决策后，能够将工作目标与决策或计划逐项分解给每个成员。在执行决策或计划的过程中，能够简化、量化和优化工作流程。对于执行效果的考评，要及时、客观、公正公平，并且要第一时间总结、反馈经验或教训。

3. 合理分配权力

高绩效团队的领导者扮演着教练和后盾的角色，对团队提供指导和支持，而不是控制。

团队领导者的时间和精力有限，必须要学会合理抓权和放权。在团队建立初期，领导通常大事小情亲力亲为，这确实有助于团队快速地做出决策。等到团队达到一定规模时，团队的领导者就要思考：应该在一些政策方针、财务决策及人事调动上集权，而一些事务性工作则分权，授权给团队成员。给团队成员自主权并不意味着管理者把责任全部推卸到成员身上，管理者要在关注团队成员工作结果的同时，监督其工作过程，要求团队成员定期汇报工作情况，以监督工作的执行情况。可以采用海尔 OEC 管理模式（如图 8-6 所示），其中“O”代表 Overall（全方位），“E”代表 Everyone（每人）、Everything（每件事）、Everyday（每天），“C”代表 Control（控制）、Clear（清理）。这样，每天，团队中的